U0892126

乒乓球竞赛
组织和裁判基本知识

丁　文　曹汉明　张彦可　主编

人民体育出版社

图书在版编目（CIP）数据

乒乓球竞赛组织和裁判基本知识 / 丁文，曹汉明，张彦可主编．-- 北京：人民体育出版社，2022（2023.12 重印）

ISBN 978-7-5009-6199-4

Ⅰ．①乒… Ⅱ．①丁… ②曹… ③张… Ⅲ．①乒乓球运动—运动竞赛—组织管理②乒乓球运动—裁判法 Ⅳ．① G846

中国版本图书馆 CIP 数据核字 (2022) 第 145420 号

*

人 民 体 育 出 版 社 出 版 发 行

北京盛通印刷股份有限公司印刷

新 华 书 店 经 销

*

710×1000 16 开本 13 印张 230 千字

2022 年 8 月第 1 版 2023 年 12 月第 2 次印刷

*

ISBN 978-7-5009-6199-4

定价：52.00 元

社址：北京市东城区体育馆路 8 号（天坛公园东门）

电话：67151482（发行部） 邮编：100061

传真：67151483 邮购：67118491

网址：www.psphpress.com

（购买本社图书，如遇有缺损页可与邮购部联系）

作者简介

1. 丁文（1971.7—），女，江苏无锡人，中共党员，硕士，副教授。国家二级运动员，乒乓球国际裁判，曾从事乒超联赛等大型赛事裁判工作，获得全运会先进个人、全国学生运动会体育道德风尚奖、华东区农业高校优秀体育教师。近年来参与国家社会科学基金项目、山东省级社会科学基金项目等 4 项，在核心期刊发表论文 10 余篇。

2. 曹汉明（1967.4—），男，山东泰安人，中共党员，副教授。乒乓球国际蓝牌裁判，曾执裁世界乒乓球锦标赛、世界杯、全运会决赛。

3. 张彦可（1990.12—），男，山东章丘人，中共党员，硕士，讲师。国家二级运动员，乒乓球国家级裁判，曾带队参加全国大学生锦标赛获得一等奖，指导的队员获得山东省大学生锦标赛冠军等。

前言
FOREWORD

乒乓球运动在我国长盛不衰，深受国人喜爱。人们不仅喜欢打乒乓球、观看乒乓球比赛，而且热衷于承办乒乓球赛事。乒乓球竞赛具有人员广、项目多、场次密、间隙短、强度高等特点，组织与管理工作相当复杂。加上目前电视转播、媒体宣传及商业运作等诸多特殊要求，这项工作就变得更为繁重。怎样科学地组织与管理乒乓球竞赛成为一项非常具有现实意义的课题。

本书力求实现教学内容体系多元化，全面系统地介绍乒乓球竞赛从策划、组织到具体落实的整个过程，深入探讨乒乓球竞赛规则和裁判法的内涵和理论，旨在为乒乓球裁判员提供组织竞赛、理解规则、执行裁判工作的理论依据和完整的实践方法。全书图文并茂，插图直观形象，文字简练，通俗易懂，既可作为乒乓球裁判员的指导书，也可作为广大乒乓球运动员、教练员、爱好者进一步了解乒乓球运动竞赛的参考书，还可作为体育专业学生学习乒乓球竞赛规则和裁判法的教材。

本书主要由丁文、曹汉明、张彦可担任主编，负责整体设计和规划，群策群力、分工合作完成。参与编写的成员还有王蕴衡（第一、第二章）、孙杰楠（第三、第四章）、邹登科（第五章）、姚舜禹（第六章）、王枫林（附录）。裁判手势示范者为丁文老师，图片由山东农业大学体育学院张军老师处理。王蓉老师、丛郁林同学、刘兴鲁同学也参与了书稿的讨论和整理工作，对大家的辛勤付出表示敬意。

本书的编写工作得到了山东农业大学体育学院各级领导的关心、支持和帮助，在此表示由衷的感谢。

本书在编写过程中，参考了诸多专业读物和资料，在此对相关作者一并致以衷心的感谢。由于水平有限，书中难免有不足和错漏之处，敬请读者和专家谅解并指正。

编　者

目 录

CONTENTS

第一章 乒乓球运动基本知识 ······ 001

第一节 乒乓球运动的起源和发展 ······ 001

第二节 乒乓球运动基本常识 ······ 005

第二章 乒乓球竞赛规则 ······ 009

第一节 乒乓球比赛的器械 ······ 009

第二节 乒乓球竞赛规则中的基本概念 ······ 015

第三节 乒乓球比赛的胜负机制 ······ 020

第四节 乒乓球比赛中机会均等原则的体现 ······ 026

第五节 轮换发球法 ······ 027

第六节 双打裁判知识 ······ 028

第三章 乒乓球国际竞赛规程 ······ 032

第一节 规则和规程的适用范围 ······ 032

第二节 器材和比赛条件 ······ 033

第三节 比赛官员 ······ 039

第四节 比赛的管理 ······ 046

第五节 纪 律 ······ 056

第六节 团体比赛 ······ 064

第七节 裁判员临场操作程序 ······ 066

第八节 乒乓球裁判手势及比赛用表 ······ 072

第九节 球拍检测工作流程 …… 079
第十节 鹰眼回放工作流程 …… 081

第四章 乒乓球裁判员应具备的素质及临场执法艺术 …… 084

第一节 乒乓球裁判员应具备的基本素质 …… 084
第二节 乒乓球裁判临场执法艺术性探讨 …… 090

第五章 乒乓球运动竞赛法 …… 100

第一节 循环赛 …… 100
第二节 淘汰赛 …… 120
第三节 不同竞赛方法的结合与探讨 …… 134
第四节 抽 签 …… 137
第五节 编 排 …… 151

第六章 乒乓球竞赛的组织与管理 …… 168

第一节 乒乓球竞赛组织机构及计划筹备 …… 168
第二节 乒乓球竞赛的赛前准备工作 …… 175
第三节 乒乓球竞赛的组织实施工作 …… 179
第四节 乒乓球竞赛的赛后总结工作 …… 186

附 录 乒乓球竞赛英语 …… 188

第一节 乒乓球临场裁判用语 …… 188
第二节 乒乓球竞赛术语 …… 191
第三节 其他相关用语 …… 194

参考文献 …… 199

CHAPTER 01
第一章 乒乓球运动基本知识

乒乓球运动是由两个或两对运动员，用球拍在中间隔放了一个球网的球台的两端轮流击球的一项球类运动。

乒乓球运动具有球小，速度快，变化多，趣味性强，设备简单，不受参与者的年龄、性别和身体条件的限制等特点，具有广泛的适应性和较高的锻炼价值，比较容易开展和普及。乒乓球运动不仅可以锻炼人的灵敏性和协调性，提高大脑反应的速度和上下肢活动的能力，改善心脏血管系统功能，增强体质，而且有助于培养勇敢顽强、机智果断等品质。

我国乒乓球运动具有广泛的群众基础，自 20 世纪 60 年代以来长盛不衰。我国乒乓球运动水平在世界乒坛中也居于领先地位，为中华民族争得无数荣誉，为世界乒乓球运动的发展做出了巨大的贡献。

要想成为一名乒乓球裁判，做好裁判工作，必须对乒乓球运动的一些基本知识有所了解和熟悉。

第一节 乒乓球运动的起源和发展

一、乒乓球运动的起源

乒乓球起源于英国。19 世纪末，欧洲盛行网球运动，但由于受到场地和天气的限制，英国有些大学生便把网球移到室内，以餐桌为球台，用书做球网，用羊皮纸做球拍，在餐桌上打来打去。1890 年，驻守印度的英国海军军官偶然发现在一张不大的台子上玩网球颇为刺激。后来，他们改用实心橡胶球代替弹性不大的实心球，随后改为空心的塑料球，并用木板代替了网拍，在桌子上进行这种新颖的“网球赛”，这就是“table tennis”的由来。

乒乓球出现不久，便成了一种风靡一时的热门运动。20 世纪初，美国开始成套地生产乒乓球比赛用具，它是美国头号持拍运动，有超过 20 万美国人在打乒乓球。20 世纪 20 年代以前，乒乓球活动基本上停留在游戏阶段。1926 年，国际乒联成立，随后通过了《乒乓球比赛规则草案》，乒乓球运动才由一种娱乐性活动转为一项竞技性的体育项目。1928 年，国际乒联将这项运动正式定名为“table tennis”。

二、乒乓球运动的发展

（一）乒乓球运动的发展阶段

第一阶段（1926—1951 年）：欧洲全盛期。在此期间，乒乓球运动共举行了 18 届世界锦标赛，除第 13 届在埃及举行外，其余 17 届均在欧洲举行，冠军也多由欧洲国家获得。这一阶段的技术以稳削防守为主，球拍采用木制球板。

第二阶段（1952—1959 年）：日本称雄世界乒坛，优势转向亚洲。这一阶段，日本创造了“长抽攻击型”打法，冲破了欧洲保持 20 多年的传统削球防线。这一阶段的技术以进攻为主，并革新了击球的工具，使用海绵球拍，从而加快了进攻的速度。

第三阶段（1960—1971 年）：中国直拍近台快攻打法崛起。中国于 1952 年加入国际乒联，1953 年第一次参加第 20 届世界乒乓球锦标赛。在 1959 年第 25 届世乒赛中，我国运动员容国团首次获得男子单打冠军。在这一阶段，我国运动员创造了“快、准、狠、变”独特风格的近台快攻打法，还发展了以“稳、低、转、攻”为技术风格的削球打法，将世界乒乓球技术极大地向前推进了一步。

第四阶段（1972—1987 年）：欧洲的复兴及其与亚洲的对抗。欧洲从 20 世纪 50 年代负于日本，60 年代负于中国后，用了 20 多年的时间，吸取了日本弧圈球和中国快攻的优点，创造了符合其特点的以弧圈球为主和快攻结合的新型打法。这种打法的特点是旋转较强、速度快、能拉能打，把旋转和速度紧密地结合起来，从而将乒乓球技术又推到了一个新的水平。

第五阶段（1987 年至今）：进入奥运时代，欧亚竞争更加激烈。1988 年，乒乓球运动被列入奥运会正式比赛项目，这促进了乒乓球运动的快速发展，各国都更加重视此项运动的普及，欧亚之间的竞争变得更加激烈。

（二）乒乓球运动在中国

乒乓球运动被公认为中国的“国球”。自容国团 1959 年赢得第一个世界冠军至今（截至 2022 年 6 月），中国乒乓球队 60 多年来在世界大赛中共产生了 116 位世界冠军，创造了世界体坛罕见的长盛不衰的历史。在中国体育发展史上，乒乓球运动所达到的高度和厚度，让其他项目难以望其项背。这项运动拥有辉煌的竞技成绩、庞大的群众基础和深厚的文化底蕴。“人生能有几回搏”“一切从零开始”“小球转动大球”，这些大家耳熟能详的口号和故事都来源于乒乓球。据统计，中国乒乓球人口将近 1 亿，其中有专业人士 2000 多人，业余体校学员 3 万多人。同时，一周打两次以上、一次 1 小时以上的“民间乒乓球爱好者”超过 8300 万人。

三、乒乓球的组织机构

（一）国际乒乓球联合会（ITTF）

国际乒乓球联合会（以下简称国际乒联）于 1926 年 1 月成立，是乒乓球运动的全球管理机构。它的宗旨是促进协会和运动员之间的友好往来；协调各协会之间以及协会同其他团体之间的关系；继续提高乒乓球的技术水平，并在全世界范围内扩大乒乓球运动的参与度。国际乒联监管着世界锦标赛及众多的世界头衔的比赛，每年大约有 120 项其批准的国际比赛。2019 年，国际乒联的成员协会已达到 226 个国家和地区，全世界所有登记的国家和地区都加入其中，是国际体坛中享有较高声誉且引人注目的世界体育组织。

（二）亚洲乒乓球联盟（ATTU）

亚洲乒乓球联盟（以下简称亚乒联）成立于 1972 年 5 月 7 日。到目前为止，亚乒联的会员有 43 个国家和地区，是亚洲最大的体育组织。它的宗旨是增进亚洲国家和地区的人民和运动员之间的友谊；发展亚洲与其他各洲乒乓球运动员之间的友好联系；促进亚洲乒乓球运动的普及、提高和发展。

（三）中国乒乓球协会（CTTA）

中国乒乓球协会（以下简称中国乒协）成立于 1955 年，是代表中国乒乓球项目活动的国家级社会团体，也是代表中国参加相应的国际乒乓球活动及国际乒联的唯一合法组织，为国家体育总局乒乓球羽毛球运动管理中心的常设办公机构。中国乒协是中华全国体育总会的团体会员，是中国奥林匹克委员会承认的全国性运动协会，该协会接受国家体育总局和民政部的业务指导和监督管理。其宗旨是坚持党的领导，加强党的建设，坚持正确的政治方向；维护国家利益，保护国有资产，树立行业管理权威，提升国际话语权；团结全国乒乓球工作者、运动员、教练员、裁判员、爱好者及关心支持乒乓球项目的社会各界人士；不断深化乒乓球运动改革，推动乒乓球运动的普及与提高，为国争光，增进与各国乒乓球协会和运动员的友谊，加强与国际乒联和亚乒联的联系与合作。

四、重大国际比赛赛事

（一）世界乒乓球锦标赛

自1926年12月伦敦举办第1届世界乒乓球锦标赛开始，至今已举办了55届，第56届世界乒乓球团体锦标赛于2022年在中国成都举办。世界乒乓球锦标赛比赛项目共有7个：男子团体、女子团体、男子单打、女子单打、男子双打、女子双打、混合双打。每项都设有专门的奖杯。

（1）男子团体奖杯为斯韦思林杯，是由前国际乒联主席、英国的蒙塔古先生的母亲斯韦思林女士捐赠的。

（2）女子团体奖杯为考比伦杯，是由原法国乒协主席马赛尔·考比伦先生捐赠的。

（3）男子单打奖杯为圣·勃来德杯，是由原英格兰乒协主席伍德科先生捐赠的，以伦敦圣·勃来德乒乓球俱乐部的名字命名。

（4）女子单打奖杯为吉·盖斯特杯，是由吉·盖斯特先生捐赠的。

（5）男子双打奖杯为伊朗杯，是由前伊朗国王捐赠的，故以伊朗的国名命名。

（6）女子双打奖杯为波普杯，是由前国际乒联名誉秘书长波普先生捐赠的。

（7）混合双打奖杯为兹·赫杜塞克杯，是由前捷克斯洛伐克乒协秘书赫杜塞克先生捐赠的。

以上7项奖杯是流动的，各项冠军获得者可保存该项奖杯到下届世锦赛开始前，各项冠军享受在奖杯上刻上自己名字的荣誉。男、女单打如果连续获得

3次冠军，则由国际乒联制作一个为原奖杯一半大小的复制品，赠予获奖者永久保存。

（二）奥运会乒乓球比赛

1988年第24届奥运会，乒乓球运动被列入正式比赛项目，设团体赛、男子单打、女子单打、男子双打和女子双打。乒乓球运动进入奥运会后，极大地提高了乒乓球运动在国际体坛的地位。

（三）世界杯乒乓球比赛

作为世界三大乒乓球赛事之一，世界杯乒乓球比赛历史悠久，分为单打比赛和团体比赛，四项赛事分开举办。第一届男子世界杯始于1980年，第一届世界杯团体赛于1990年举行。作为乒乓球的顶级赛事，世界杯单打比赛始终保持每年一届的频率，这也体现了乒乓球运动顽强的生命力。

第二节 乒乓球运动基本常识

一、球拍的种类与性能

目前，乒乓球比赛规则规定使用的球拍有3种。

（一）胶皮拍

胶皮拍又分为普通胶皮拍和长胶胶皮拍两种。

（1）普通胶皮拍是在球拍底板上贴有一层胶皮，胶皮上有一粒粒的圆柱形软体小胶粒，颗粒向外，其高度在1.5mm之内。性能：弹力均匀，击球速度慢，力量不强，容易掌握，但它不易制造强烈的旋转。

（2）长胶胶皮拍的胶皮高度在1.6~2.0mm，小胶颗粒向外。性能：长胶胶皮拍击球是随着对方来球的变化而旋转变化的。若对方来球为上旋球，则长胶胶皮拍的回球为下旋球；若对方来球是下旋球，则回球变化为上旋球；若对方来球不转，长胶胶皮拍的回球也不转。长胶胶皮拍的主要特点是击球速度相对较慢，但能够改变回球的旋转性能，因而较难控制。

（二）海绵正贴胶皮拍

海绵正贴胶皮拍的海绵连同胶皮的总厚度不超过 4mm。这种球拍共分 3 种。

（1）正胶海绵拍，它的胶皮颗粒向外，下面有海绵。性能：反弹力较强，回球速度快，能制造一定的旋转，但控球的稳定性不好。

（2）生胶海绵拍，与正胶海绵拍相似，生胶胶皮正贴在海绵上，颗粒较大，且胶粒和胶皮较硬，胶皮的熟化程度较差。性能：反弹力强，在攻打或回击弧圈球时，球着台后有迅速下沉现象。

（3）长胶海绵拍，其胶粒高度比正胶海绵拍长，胶皮较软，对球的摩擦力极小，故不会受来球旋转的影响。性能：与长胶胶皮拍相比，弹性更大、旋转更强。

（三）海绵反胶胶皮拍

海绵反胶胶皮拍又可分为两种。

（1）反胶海绵拍，胶皮颗粒向内，下有一层海绵。性能：胶皮表面平整，有较大的黏性，摩擦系数大，能击出强烈的旋转球，但弹力稍差，回球速度不如正胶海绵拍。

（2）防弧海绵拍，海绵非常软，而且比较薄。性能：弹性差，可以削弱旋转球的作用，对抗弧圈球非常有效。

二、乒乓球打法的主要类型

（一）快攻型

快攻型站位近台，以速度为主，积极主动，先发制人。其基本特点是快速、准确、凶狠、多变。分为推攻打法和两面攻打法。

（二）弧圈型

站位中台，以速度为主，结合旋转。其基本特点是旋转强，速度快，能拉能打，低拉高打，正反手都能拉弧圈球，回球威胁性较大。此种类型分为横拍和直拍两种打法。

（三）削攻型

站位中远台，以削球的旋转变化及伺机反攻为主要得分手段。其基本特点是削得转，削得低，旋转变化大，落点控制好，两面攻得准。此种类型又分为以削为主打法和削攻结合打法。

（四）弧圈结合快攻型

在现代打法中很少有选手使用纯弧圈或纯快攻，大多数选手将两个技术融合运用。如果弧圈多一些、快攻少一些，那么这种打法就称为弧圈结合快攻。这种打法多站位于中台，若来球较短则上步使用快攻技术，若来球较长则撤步使用加转弧圈球，若来球不长不短则多站位中台使用前冲弧圈球。

（五）快攻结合弧圈型

与弧圈结合快攻型的打法风格有些类似，快攻结合弧圈的选择更靠近球台，站位于中近台附近，各种技术特点与弧圈结合快攻打法类似。快攻结合弧圈常见一面为反胶，另一面为生胶或正胶，正手以拉打为主，反手以弹击为主。

三、乒乓球拍的握拍方法

乒乓球拍的握拍方法通常分为直握法和横握法两种。

（一）直握法

直握法的特点是正、反手都用球拍的同一面击球，出手较快；正手攻球灵活、快速，但反手攻球因受身体阻碍，较难掌握，所照顾的面积较小。

直握法的要点分为拍前和拍后。

（1）拍前：以食指第二指节和拇指第一指节扣拍，拇指与食指之间的距离要适中。

（2）拍后：其他三指自然弯曲，中指第一指节贴于拍的背面。

（二）横握法

横握法的特点是照顾的面积比直握法大，反手攻球便于发力，但左右拍面动作较大，易被对方识破，台内正手攻球较难掌握。

横握法要点主要有以下 3 点。

（1）中指、无名指和小指自然地握住拍柄。

（2）拇指在球拍的正面轻贴在中指旁边，食指自然伸直平放于球拍的背面。

（3）浅握时，虎口轻微贴拍；深握时，虎口紧贴球拍。

CHAPTER 02

第二章 乒乓球竞赛规则

乒乓球竞赛规则是由国际乒联组织制定的，适用于所有的国际比赛，并且被各协会普遍应用于国内比赛，是要求大家共同遵守的规定，也是运动员、裁判员、教练员都必须知晓的。规则的修改只能由国际乒联代表大会做出，并且须经 3/4 以上的代表投票通过。

本章从乒乓球比赛的基本属性来研究乒乓球比赛的理论和思路，进而解释乒乓球竞赛规则的具体条文。

第一节 乒乓球比赛的器械

一、球台

球台的上层表面叫作比赛台面，应为与水平面平行的长方形，长 2.74m，宽 1.525m，距离地面 76cm（图 2-1）。比赛台面不包括球台台面的垂直侧面。比赛台面应呈均匀的暗色，无光泽。沿每个 2.74m 的比赛台面边缘各有一条 2cm 宽的白色边线，沿每个 1.525m 的比赛台面边缘各有一条 2cm 宽的白色端线。比赛台面由一个与端线平行的垂直的球网划分为两个相等的台区，各台区的整个面积应是一个整体。双打时，各台区由一条 3mm 宽的白色中线划分为两个相等的“半区”。中线与边线平行，并应视为右半区的一部分。

比赛台面可用任何材料制成，整个台面应具有一致的弹性，即当标准球从离台 30cm 高处落至台面时，弹起高度应约为 23cm。在国际 A 级赛事和洲际赛事中，球台必须是国际乒联批准的品牌和型号；国内举办大型比赛的球台必须是中国乒协批准的品牌和型号。

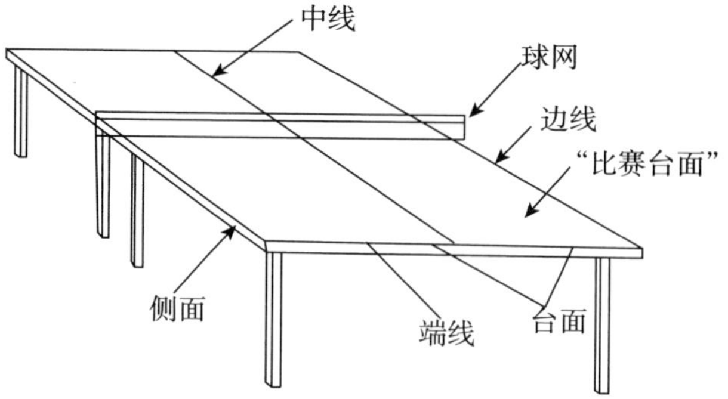

图 2-1　乒乓球台

二、球网装置

球网装置包括球网、悬网绳、网柱及将它们固定在球台上的夹钳部分。球网应悬挂在一根绳子上，绳子两端系在高 15.25cm 的直立网柱上，网柱外缘与边线外缘的距离为 15.25cm。整个球网的顶端距离比赛台面 15.25cm。整个球网的底边应尽量贴近比赛台面，其两端应与网柱完全相连。

球网装置上的技术器材应被视为该球网装置的一部分。装配在球网装置上的摄像器材是否属于球网的一部分，裁判长应根据具体情况在比赛领队会上明确。

三、球

球应为圆球体，直径为 40mm，球重 2.7g，应用赛璐珞或类似的塑料制成，呈白色或橙色，且无光泽。

目前市场上销售的乒乓球分为赛璐珞和 ABS 塑料两种材料。新型塑料球采用“40+”进行标注，与赛璐珞“40”标记相区分。一个好的乒乓球最重要的是圆度精准、弹性良好、厚度均一。在绝大部分品牌中，乒乓球被分为一星、二星和三星球，通常球的硬度和弹性随星级的增加而增加。正式比赛对球的要求较高，可以把球的商标朝上放置在光滑平整的台面上，用手指搓动球的中轴两侧，使之转动，并通过观察球的商标来判断球的转动是否稳定，以判别球是否足够圆。还可用食指和拇指分别捏住球体上对应的两点均匀用力，感受球面的软硬度是否一致。

四、球拍

球拍的大小、形状和重量不限，但底板应平整、坚硬。目前市面上主流球拍的大小、形状基本相同，而且规则上没有对其做出任何限制，运动员可以使用任何大小、形状、重量的球拍参加正式比赛。

底板至少应有 85% 的天然木料，加强底板的黏合层可用诸如碳纤维、玻璃纤维或压缩纸等纤维材料，每层不超过底板总厚度的 7.5% 或 0.35mm。

用来击球的拍面应用一层颗粒向外的普通颗粒胶覆盖，连同黏合剂，厚度不超过 2mm；或用颗粒向内或向外的海绵胶覆盖，连同黏合剂，厚度不超过 4mm。普通颗粒胶是一层无泡沫的天然橡胶或合成橡胶，其颗粒必须以每平方厘米不少于 10 颗、不多于 30 颗的平均密度分布整个表面。海绵胶即在一层泡沫橡胶上覆盖一层普通颗粒胶，普通颗粒胶的厚度不超过 2mm。

覆盖物应覆盖整个拍面，但不得超过其边缘。靠近拍柄部分及手指执握部分可不予以覆盖，也可用任何材料覆盖。

底板、底板中的任何夹层及用来击球一面的任何覆盖物及黏合层均应为厚度均匀的一个整体。其他适于做成拍柄和手指执握部分的材料可添加到底板上。

球拍两面不论是否有覆盖物，必须无光泽，且一面为黑色，另一面为与黑色和球的颜色明显不同的鲜艳颜色。

球拍覆盖物不得经过任何物理的、化学的或其他工艺处理。拍面的整体性和颜色上的一致性出现轻微的差异，或添加有用的、有保护性能的小附件，只要未明显改变球拍的性能，是允许使用的。

比赛开始前及比赛过程中运动员需要更换球拍时，必须向对方和裁判员展示其将要使用的球拍，并允许他们检查。

五、裁判员用具

（一）裁判桌

裁判桌放在副裁判员的位置上，供副裁判员使用。副裁判员的位置在裁判员对面，与球网成一条直线。该裁判桌用于放置比分显示器、毛巾、比赛指定用球等物品，其大小在规则上并没有明确的限制，但一般不宜过大，也不宜过高。过大会占据不必要的空间，过高会遮挡副裁判员的视线，影响其执裁。

（二）裁判椅

裁判椅分为主裁判椅和副裁判椅，主裁判椅供裁判员使用，放在与球网相对的位置，一般较高大，以方便裁判员监控比赛，特别是在双打比赛中能准确地看清中线。副裁判椅供副裁判员使用，放在主裁判椅的对面，正对球网的裁判桌后面。

（三）比分显示器

正式比赛应放置比分显示器，目的是方便运动员、主裁判员、场外指导和现场观众了解比赛的进程，同时方便裁判员报分，让运动员随时监督裁判员的判罚。比分显示器放在裁判桌上，该显示器有大小两个数目，大数目显示每一局中的每个回合的得分，小数目显示每一场比赛的局分。

团体比赛时，可在裁判员或副裁判员旁边的第二块挡板上增加一个团体记分牌，显示整个团体比赛中双方的场分。如果是决赛或场地中的比赛较少，仅有1~2 张球台进行比赛，裁判长可在场外设置比分显示器，以方便观众从不同角度了解比赛的进程。

一般操作比分显示器的程序是，副裁判员必须依据裁判员的得分手势显示每一个回合的比分，不能根据自己的主观判断显示比分；而场外比分必须依据副裁判员每个回合的比分显示调整，始终与副裁判员的比分显示一致，不能在副裁判员显示比分前显示，更不能根据自己的主观判断随意地显示比分。

（四）量网尺

检测球网高度的用具。

1. 铁材质量网尺

重量为 100g，中间有两阶缺口，第一个为 15.25cm，第二个比第一个短 1cm，用于测量张力，不应用来测量高度。将量网尺短缺口放在球网中心的顶端，并调整张力使量网尺刚好触及台面。

2. 塑料量网尺

中间高 15.25cm，一边平整，另一边有 4mm 凹边。

（1）使用塑料尺检查球网长度两侧各约 1/4 点位的球网高度，并调整网高使量网尺垂直刚好触及台面。

（2）塑料量网尺也可以用于检测球拍胶皮海绵厚度和胶皮海绵平整度。测量厚度时将量网尺 4mm 凹边垂直地放在覆盖物表面，依次测量不同位置的厚度；然后将量网尺的另外一边垂直地放在覆盖物表面，依次测量不同位置的平整度。

在量网时，首先确保夹钳尽可能靠近球台，且悬网绳不从网柱垂落，否则可能被球碰到或分散运动员注意力。先用重尺测量球网的张力，再用塑料量网尺测量球网的高度。应在每一场比赛前进行测量，包括团体赛中每场单打或双打比赛前。

（五）测量器

测量颗粒胶、海绵胶等胶质厚度的器材。

（1）水溶性胶水：enez® by Wassing。

（2）胶皮海绵厚度：电子厚度仪、放大镜、卡尺。

（3）胶皮海绵平整度：电子平度仪、尺子、厚度规。

（4）球拍表面光泽度：测光仪（Gloss Checker IG–331)。

（六）挑边器

挑边器是两面呈不同颜色的圆形器材。每场比赛前裁判员将其作为抽签的用具，决定双方运动员的发球权（发球 / 接发球）或挑选场地。

（七）秒表

秒表用来监控每局比赛的时间、赛前练习时间、局间休息时间和其他中断比赛的时间。由于此表需要根据规则的规定随时开或停，因此必须是正式的秒表，不能用裁判员的手表代替。

（八）白牌

白牌是裁判员显示暂停的用具。在得到某方合理的暂停请求后，裁判员应暂停比赛，用靠近请求暂停方一侧的手出示白牌。

（九）红牌和黄牌

红牌和黄牌是裁判员处理运动员不良行为和管理场外指导或裁判长处理运动员不良行为的用具，其中黄牌是裁判员用于警告运动员的不良行为和场外指导，红牌是裁判员用于驱逐非法指导和裁判长用于取消运动员的比赛资格，裁判员可同时使用黄牌和红牌对运动员的不良行为进行判罚。

此外，在副裁判员一侧还应摆放 2 个器皿，专门用于放置双方运动员擦汗使用的毛巾，比赛裁判员应注意监控运动员将毛巾放在器皿中，以保持赛场的整洁和风貌。

六、比赛球台的布置

若比赛球台超过 1 张时，裁判长在布置球台时应注意：所有球台的照明度都应一致，并符合规程的有关规定。比赛球台的放置应根据场地的条件、参赛队的多少及比赛时间的长短随时进行调整，但应在便于裁判员执法的前提下，把握好以下 5 个原则。

1. 便于工作人员和运动员在场内行走

每张球台周围都应有自由出入的通道，每个通道的距离应在 1~2m，1.5m 最好。通道应尽量围着体育馆的四周，在场地的中心位置最好不要留有通道，以免闲杂人员站立，影响整个场地的秩序。

2. 避免球台间相互干扰

比赛球台应并排放置，尽量不要使球台与球台的两端相对，因为这样放置球台，球易进入相邻的球台，造成外界球入场，此时为了不影响本回合的结果，裁判员一般都会暂停比赛，待处理完之后再重新开始比赛。如果这类事件经常发生，既会干扰运动员，也会破坏比赛的连续性。

3. 便于观众观看比赛

一般来讲，边线一侧对着看台有利于观众观看比赛，因为运动员站在端线一侧，左右移动会遮挡观众的视线，一般不仅边线对着主席台，还应将副裁判员的翻分器对着主席台，以便观众观看比赛时能及时了解场上的情况。

4. 便于电视转播的工作人员工作

现代竞技体育的开展在很大程度上依靠电视转播的推动，因此，裁判长布置球台时应在不影响比赛顺利进行的前提下，尽可能地为电视转播工作人员提供方便。

5. **方便运动员比赛**

由于乒乓球比赛每打一个回合，运动员都要捡球，因此决赛的场地并不是越大越好，因为场地越大，运动员捡球时所消耗的体力就越大。所以，决赛时可适当放大比赛场地，并在挡板外面再放置一层挡板，以便于运动员捡球。

总之，裁判长应根据上述原则合理摆放球台和开放通道，以保证比赛的顺利进行。

第二节　乒乓球竞赛规则中的基本概念

一、定义

（1）回合：球处于比赛状态的一段时间。

（2）球处于比赛状态：从发球时球被有意向上抛起前静止在不执拍手掌上的最后一瞬间开始，直到该回合被判得分或重发球。

从球在发球员不执拍手掌上静止的最后一刻起，直至其用发球动作把球抛起前的这一段时间，不定义为球处于比赛状态。因此，如果球在抛起前，意外地从发球员手中滚落下来，对方运动员不能得分，因为球还没进入比赛状态。同样，一名运动员可能将球放在不执拍手掌上，静止地抓住它，但之后想变换发球方式，而移动到另一个位置上去发球，如果他在变换发球位置前，没有把球向上抛起，对方运动员也不能得分。一旦球进入了比赛状态，其将保持比赛状态，直到裁判员判定这个回合是重发球还是得分为止。球处在比赛区域之外或在灯光水平之上但没有被触及，这时球没有脱离比赛状态。但如果对方运动员最后击球，使球超越了运动员的台区或端线，而没有触及台区，这时球结束比赛状态。

（3）重发球：不予判分的回合。

（4）1 分：判分的回合。

（5）执拍手：正握着球拍的手；不执拍手：未握着球拍的手；不执拍手臂：不执拍手的手臂。

通常情况下，比赛中运动员可以用左右手交替执拍来击球。

（6）击球：用握在手中的球拍或执拍手手腕以下部分触及处于比赛状态的球。

▲例如，比赛中，如果运动员的球拍掉了，而用刚才拿着球拍的手击球是不合法的。同样，运动员也不能将球拍扔出去击球，球拍一旦脱手就不是合法的击球工具。

▲例如，比赛中，运动员击球后球拍掉在了球台上，对方运动员还击后，该运动员又捡起球拍击球，并赢了这一分。是否违例？捡球拍是个连续动作，很难区分手指先碰到哪个位置，所以不违例。

▲例如，一名运动员在击球后，球拍掉在了地上，在弯腰捡起球拍过程中，运动员将原先执拍的手放在台面上，这时应该判对方得 1 分，因为不执拍手触及台面违例了。

（7）阻挡：当球处于比赛状态时，对方击球后，在比赛台面上方或向比赛台面方向运动的球，尚未触及本方台区，即触及本方运动员或其穿戴（带）的任何物品为阻挡。

（8）发球员：在一个回合中首先击球的运动员。

（9）接发球员：在一个回合中第二个击球的运动员。

（10）裁判员：被指定管理一场比赛的人。

（11）副裁判员：被指定在某些方面协助裁判员工作的人。

（12）运动员穿或戴（带）的任何物品：包括其在一个回合开始时穿或戴（带）的任何物品，但不包括比赛用球。

（13）球台的“端线”：包括端线两端的无限延长线。

二、发球

（1）发球开始时，运动员将球自然地置于不执拍手的手掌上，手掌张开，保持静止。

（2）随后发球员须将球几乎垂直地向上抛起，不得使球旋转，并使球在离开不执拍手的手掌后上升不少于 16cm，球下降到被击出前不能碰到任何物体。

（3）当球从抛起的最高点下降时，发球员方可击球，使球首先触及本方台区，然后直接触及接发球员台区。在双打中，球应先后触及发球员和接发球员的右半区。

（4）从发球开始，到球被击出，球要始终在比赛台面的水平面以上和发球员的端线以外；而且从接发球方看，球不能被发球员或其双打同伴的身体或他们所穿戴（带）的任何物品挡住。

（5）球一旦被抛起，发球员的不执拍手及其手臂应立即从球和球网之间的空间移开。球和球网之间的空间由球和球网及其向上的无限延伸来界定。

（6）运动员发球时，应让裁判员或副裁判员看清其发球是否符合规则的要求，且裁判员或副裁判员均可判定发球不合法。

①在任何情况下，若裁判员对运动员发球合法化有所怀疑，可在一场比赛中第一次出现时进行警告，但不罚分；②在同一场比赛中，如果该运动员或其双打同伴发球动作的正确性再次受到怀疑，不论是否出于同样的原因，均判接发球方得 1 分；③无论是否是第一次或任何时候，只要发球员明显没有按照合法发球的规定发球，均判接发球方得 1 分，无须对发球方提出警告。

（7）运动员因身体伤病而不能严格遵守合法发球的某些规定时，可由裁判员免予执行。

（8）保持执行发球规则的一致性是十分重要的，但由于目前发球规则较复杂，因此在执行时始终存在困难。在裁判员中有一种自然倾向，即把注意力更多地放在那些他们认为最容易检查的方面。要消除这种倾向，裁判员应该牢记规则的总目的，并且努力保证在这个目的下执行规则。

（9）发球规则中有关不执拍手的规定如下。

①要求发球开始时，运动员将球自然地置于不执拍手的手掌上，球放在手指上为违例；发球员的不执拍手张开，为了保证其不能以任何方式握住球，以避免抛球时使球旋转。在执行时，裁判员的注意力不应放在诸如发球员不执拍手弯曲程度等细节上，而应该注意球是否被随意地放在手掌上。

判罚要点：是否合力发球、是否使球旋转。

②从发球开始，到球被击出，球要始终在比赛台面的水平面以上。不执拍手不得由静止状态降至低于台面，再向上做连贯的挥臂抛球动作，如果不执拍手在高于比赛台面后没有停顿，这个发球就是不合法的。

判罚要点：球应在台面的水平面以上，而不是看手的位置；起抛点必须在台面以上，高抛发球时从水平面以下抛起时违例。

③从发球开始到向上抛球，球必须始终位于发球员的端线之后，但不是指整个不执拍手。因此，发球时只要球明显在端线之后，运动员的手臂或者不执拍手位于台面上方，就不会被判发球违例。

判罚要点：抛球点、击球点，其中一点在端线内即为台内发球。

（10）关于抛球的规定包括以下 3 个方面。

①发球员必须近乎垂直地向上抛球，并使球在离开不执拍手手掌后至少上升 16cm。这意味着球的上升只能在少数几个垂直角度内，并要使裁判员确信抛球是向上的，而不是向旁边或斜的方向（图 2–2）。

判罚要点：抛球角度、抛球高度。

②在正式使用鹰眼的国际比赛中，国际乒联规定：≤ 30° 被认为是几乎垂直的，≥ 31° 被认为是不垂直的。

③16cm 的最低限度正好比球网稍高，因此，网高可提供一个便捷的参照物。

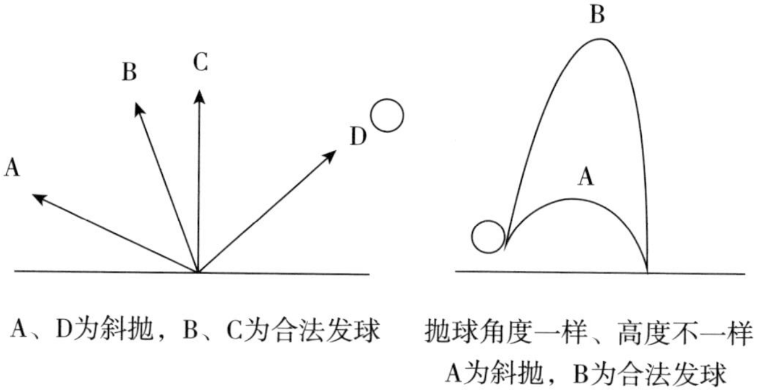

图 2–2　抛球

（11）有关无遮挡发球的规定如下。

①现行发球规则首先要求确保接发球员能看清发球的整个过程，裁判员或副裁判员必须确信这一要求被遵守。裁判员或副裁判员应注意观察在任何阶段，发球员身体的任何部分，或者发球员或其双打同伴穿戴或携带的任何物品都不能遮挡接发球员看球的视线，并且发球员的不执拍手臂，包括不执拍手，在球向上抛起后不在球和球网形成的空间里。

②从抛球到击球，球必须始终高于比赛台面。然而，规则中并没有明确规定发球时要让接发球员看清球拍，因此，发球员可以在发球前将球拍合理地隐藏起来，如放在身体背后。

③如果击球靠近端线，或者靠近运动员的身体，要求裁判员或副裁判员以他们所处的与球网平行的位置来判断击球是否合规是不现实的。但是，运动员有责任让裁判员或副裁判员看清楚其发球是否合规，如果其发球接近不合规的边缘，就有被判罚的危险。

（12）有关发球警告的规定如下。

①当裁判员或副裁判员对发球是否违例有怀疑但不确定时，可以判重发球并警告运动员。裁判员或副裁判员均可对发球进行警告。一场比赛只能警告一次。对该运动员或其双打同伴在该场比赛中的任何一次发球再有怀疑时，无论什么原因，均判接发球方得 1 分。发球警告时不出示黄牌。

②不管运动员是否受到过正式警告，反对裁判员或副裁判员在回合之间非正式地向运动员提出劝告，其发球有可能变成不合法。只要运动员明显不符合合法发球的规定,即应判接发球方得 1 分,而不是在第一次发球违例时给予警告。

③运动员没有权利要求裁判员对对方的不合法发球给予警告或判罚。

④裁判员或副裁判员无权忽视那些看来并不会给发球员带来任何好处的发球犯规，也没有理由将其视作暂时的失误而忽略运动员的首次犯规。在比赛的关键时刻，类似的犯规可能再次出现，而这时如果判罚，运动员就可能提出合理的抗议，因为先前没有被指出这样的发球是不合法的。

对发球违例的判罚是乒乓球执裁工作中最具挑战性的环节，由于发球违例的情形很多，建议裁判员和副裁判员使用发球违例相关手势，不仅能使运动员，还能使教练员和观众更好地理解判罚的情况。裁判员或副裁判员首先用手势表示发球违例的原因，如果运动员提出质疑，再用简单的术语向该运动员口头说明，如高度不够、起抛点在台面以下等。

三、还击

对方发球或还击后，本方运动员必须击球，使球直接触及对方台区，或触及球网装置后，再触及对方台区。

四、比赛中的击球次序

（1）在单打比赛中，首先由发球员发球，再由接发球员还击，然后发球员和接发球员交替还击。

（2）在双打比赛中，首先由发球员发球，再由接发球员还击，然后由发球员的同伴还击，再由接发球员的同伴还击，此后运动员按此次序轮流还击。

第三节　乒乓球比赛的胜负机制

一、重发球

（一）回合出现下列情况时，应判重发球

（1）如果发球员发出的球触及球网装置后成为合法发球，或被接发球员或其同伴阻挡。

（2）如果接发球员或接发球方未准备好时，球已发出，而且接发球员或接发球方没有企图击球。

（3）由于发生了运动员无法控制的干扰，而使运动员未能合法发球、合法还击或遵守规则。

（4）裁判员或副裁判员可以在下列情况下暂停比赛。①由于要纠正发球、接发球次序或方位错误。②由于要实行轮换发球法。③由于警告、处罚运动员或指导者，被中断的比赛回合判重发球。④由于比赛环境受到干扰（如比赛灯光的变化；地板突发塌陷；球台坍塌；球网装置脱落；球破裂；水球——球拍或者球台有水印；运动员因击球动作惯性无意冲撞或阻碍了对方还击；除本场运动员以外的因素导致的挡板倒塌、外界球进入赛区；昆虫飞入台区等），以致该回合结果有可能受到影响。

重发球的主要目的是当某种可能影响该回合结果的情况发生时，终止该回合而不予判分。但有些情况发生时也必须暂时停止比赛，如纠正比分错误、发球次序或接发球次序错误，以及时限到时、执行轮换发球法等。

（二）关于发球擦网的解释

（1）最常见的重发球包括：发球员发出的球触及球网装置后成为合法发球，或被接发球员或其同伴阻挡，该回合应判为重发球；如果球触及球网装置后不是落在接发球员正确的台区内，也未被接发球员或其同伴阻挡，则判发球员失 1 分。

（2）当比赛中发出的球触及球网装置时，比赛状态还没有结束，裁判员不要立即作出判决，只有等触网后的球落到台面，或是出界，或是被对方阻挡后，才能作出判决。

（3）当回合的结果已经清楚时，裁判员应判重发球或得 1 分。一旦裁判员和副裁判员看见球触及球网装置，应报“重发球”；同时，将手臂高举过头示意。

（4）不管裁判员还是副裁判员认为发球擦网，都必须重发球。即使只是怀疑合法发球擦网，最好也宣布重发球，而不应让比赛继续下去。因为至少会有一名运动员也怀疑发球擦网，这样会影响他们全身心地投入比赛。

（5）对发球擦网这一事实的认定的决定权归属裁判员或者副裁判员。有时合法发球擦网后，接发球运动员会举手示意，但在裁判员作出判决之前，运动员不能自行中断比赛回合，如举手或用手抓住球，这样容易引起争议。

（三）有关意外干扰中断的解释

（1）如果意外干扰的情况发现于一方运动员正有可能得分之际，裁判员和副裁判要注意判定干扰是否可能影响回合的结果。如果有影响，应立即宣布重发球，而不要等到该回合结束后，再去决定干扰是否有影响；如果暂无影响，则等待该得分的可能是否当即实现，如未能当即实现而回合仍将继续，裁判员也应立即停止比赛。

（2）如果球在回合中明显破裂或完全裂开，裁判员应报“重发球”。这与球的轨迹无关，也与击球时球的位置无关。

▲例如，一名球员用球拍的边缘击球，球分成两半，或者破裂的球向离开球台的方向运动，裁判员必须判重发球。但在回合结束后，运动员不能声称在上一个回合中球破裂了。

（3）若回合进行过程中偶然发生不测事件，一般不应判重发球。

▲例如，双打比赛中运动员由于与同伴相撞，或者比赛中被挡板绊倒而未能合法还击，不能判重发球。但如果不测事件扰乱了比赛，可能造成对方运动员不利时，可以判重发球。

（四）关于未准备好的解释

如果接发球方未做好准备，只要其没有试图接球，裁判员就可以判重发球；但是，接发球员未击球本身不能成为判重发球的理由，裁判员必须判定接发球员确实没有准备好，只要接发球方有动拍接球的企图，就不能认定为“未准备好”。有时接发球方虽然做好了准备姿势，但没去接似乎很难接的发球，或者由于对方发出的球速度快且线路落点出乎预料而没有反应过来，就不能认定其是“未准备好”。应当鼓励接发球员在他们尚未做好准备时举手示意。

（五）关于要纠正发球、接发球次序或方位错误

裁判员发现运动员发球、接发球次序或方位错误和在双打比赛中错发、错接时，要及时叫停，进行纠正并判重发球。

处理原则：裁判员应在比赛回合中及时发现错误并叫停比赛，按该场比赛最初建立的正确次序和方位及时纠正错误，错误发现前的比分依然有效，该回合判重发球。如果裁判员待球结束比赛状态后再处理并判重发球，容易引起争议。

（六）关于警告或处罚运动员或指导者中断比赛

如果裁判员发现运动员出现冒犯他人、不公平地影响比赛、故意损坏比赛器材或者诋毁乒乓球运动声誉的行为，或指导者出现场外非法指导等情况，可立即中断比赛，出示黄牌警告运动员或指导者，或者出示红牌驱逐非法指导者等，该回合判重发球。

副裁判员第一时间发现不良行为或非法指导等情况时，应示意裁判员中断比赛，必要时可举手喊“停”，该回合判重发球。

二、得 1 分

（一）除被判重发球的回合，发生下列情况时该运动员得 1 分

（1）对方运动员未能合法发球。

（2）对方运动员未能正确还击。

（3）运动员在发球或还击后，对方运动员在击球前，球触及了除球网装置以外的任何东西。

▲例如，运动员 A 击球后，其手表掉落在球台上，对方运动员回球后击中手表。这种情况下应判罚对方运动员得 1 分，因为球被阻挡了，球击中了比赛台面上方运动员在回合开始时穿或戴的物品。

▲例如，运动员 A 的回球弹跳出异常的角度，而运动员 B 未接到，原因是该球击在了从球拍上掉下的小木屑上。B 认为回球无效，因为球未触及球台表面；而 A 认为，他应当得分，因为 B 阻挡了该球。根据规则，从球拍上掉下的木屑在本回合内属于该方运动员穿或戴的物品，如果裁判员能够清楚这一事实，则该

回合属于阻挡。实际操作时，这个事实很难判断，若无法清楚认定这一事实即应判重发球。

至于少量汗水和灰尘，因为已经和台面融为一体了，很难判断其对比赛是否有影响，建议在实际操作中不予理睬，继续比赛。

（4）对方击球后，球没有触及本方台区而越过本方台区或端线。

（5）对方击球下网，包括球穿过球网，或从球网和网柱之间、球网和比赛台面之间通过。

（6）对方阻挡，也就是对方击球后在比赛台面上方或向比赛台面方向运动的球，尚未触及本方台区，即触及本方运动员或其穿（戴）的任何物品；如果球越过端线、已通过边线或从台面方向离开时被运动员拦击，都不属于阻挡。运动员回球时，被对方无意或者有目的地干扰，未能成功还击，也不属于阻挡，这种情况下应该判重发球。如果是无意的，仅判重发球；如果是有意的，可以执行相关判罚流程，而不是判失去 1 分。

阻挡是在一个条件下出现的两种情况（图 2–3）：时间规定，即对方击过来的正处于比赛状态的球，在没有触及本方台区之前；空间规定，即正处在比赛台面上方的球或者正向比赛台面方向运动的球。

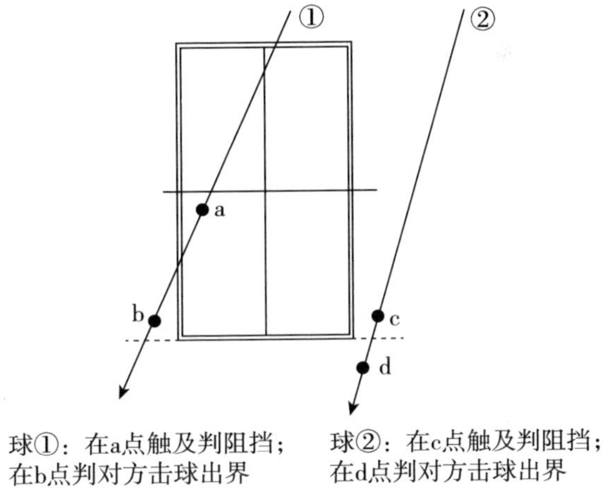

图 2–3　阻挡

（7）对方故意连续一次以上击球：比赛中有时会出现运动员连续两次击球的情况。只要对方运动员的动作是连贯的单向挥拍击球，尽管球在执拍手手腕以下部位和球拍上连续触及两次，因为不是故意的，所以属于合法击球。

（8）对方运动员用不符合规定的拍面击球。

（9）对方运动员或其穿（戴）的任何物品使球台移动。

关于台面移动的条款是 50 多年前制定的，当时还没有可移动球台。如今，球台安装了合页，轻推甚至跺脚都有可能使台面移动。因此，只有抬起球台、持续摆动球台或移位、故意摇晃台面等行为才会被罚失 1 分。判罚后要重新丈量球网。

（10）对方运动员或其穿（戴）的任何物品触及球网装置。

（11）对方运动员不执拍手触及比赛台面。

（12）在双打比赛中，对方运动员击球次序错误，包括接发球员没接到对方发球时，其同伴接了该球。

（13）实行轮换发球法时，接发球方连续 13 次合法还击。

（14）球拍脱手后，球拍击球或者手触球。

（15）对方运动员在比赛中因行为作风问题被判罚分的情况。

（二）“1 分”的判定

（1）每个回合除重发球外必须判分，规则规定了判分的各种依据，一个回合的关键通常在于球脱离比赛状态的那一瞬间，裁判员应该谨防根据自己的预测做出判定，该回合的结果可能与其判定完全不同。

▲例如，球可能被运动员击得远离球台，显然不会触及对方的比赛台面，但裁判员判分必须要等到该回合结束比赛状态，因为在此之前双方运动员都有可能得分。在这种情况下，若对方在球仍处于比赛状态时移动了球台，把球击飞的运动员将得分，尽管其还击可能要失误。

（2）不是所有的得分都像未能合法发球或合法还击那样直接与比赛有关。

▲例如，当一名运动员打了一个要制胜的球，但球尚未脱离比赛状态时，其不执拍手不小心触及了比赛台面，该运动员将失去 1 分，而不再考虑其对手是否能正确还击。

（3）裁判员绝不能在规则规定的条文以外判分。

▲例如，裁判员认为由于某个不正当的行为，一名运动员应该得 1 分，而另一名运动员应该受罚。裁判员的所有判决必须有相应的规则作为依据。因此，裁判员应当仔细研究、理解所有可以判 1 分的规则条文。

（4）某些犯规并不自动导致比赛的终止，该回合必须通过裁判员的报分来终止。回合为何被终止，有时运动员可能不清楚，裁判员或副裁判员应当用规范的语言向其解释原因。

（三）擦边

（1）裁判员或副裁判员必须判定一个触及球台边缘的球是触及了球台的上表

面，还是触及了球台的侧面。球在触及球台前后的飞行路径能够帮助裁判员或副裁判员做出正确的判定。

▲例如，球先飞过了比赛球台，再触及球台的边缘为好球；但如果球触及台边后仍从低于比赛台面水平面的方向向上升高，则可以认为其触及了比赛台面的侧面（图 2–4）。

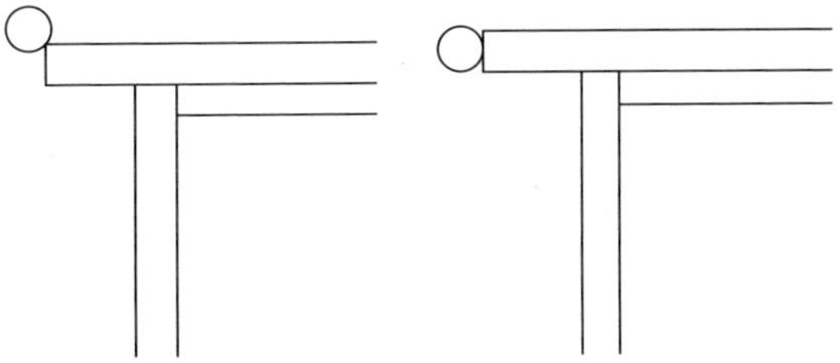

图 2–4　擦边

（2）最难判定的擦边球是从外界飞向比赛台面，而且这个球的弧线又高于台面的水平面，原则上来讲，没有什么好的方法可以直接认定球是触及了比赛台面还是侧面，比较好的判断方法是，如果球触及了球台边缘后向上飞行，有理由认为它触及了比赛台面；如果其继续向下，则认为球触及了球台的侧面。

（3）副裁判员对最靠近其一侧的擦边球有最终的决定权。如果副裁判员相信球触及比赛球台的侧面，应该报“侧面”，裁判员必须判最后击球者的对方运动员得 1 分。只有裁判员能决定在端线和其一侧的擦边球。

（四）怀疑

（1）如果裁判员肯定自己所做出的判定是正确的，就不应该因为运动员反对而改判。另外，还可能存在这样的风险，即运动员在发球或回击球时故意失 1 分来表示对裁判员判罚不公平的不满，这将削弱裁判员的权威。

（2）在任何情况下，不应考虑仅一名运动员提出的改判要求，其可能因改判而受益，即使对方运动员不反对也不予考虑。一旦下一个回合开始，就不允许提出改判的要求。除非双方运动员都坚持认为判罚是错误的，这时裁判员应接受并理智地加以纠正。

（3）如果裁判员怀疑一名运动员可能犯规，但确定对方运动员不会因此而受到不利影响的情况下，可以不中断比赛。但是如果一名运动员因为怀疑对方运动员犯规却没有受到惩罚而注意力分散，该回合应该被暂停，但可不判失分，应判重发球。

三、一局比赛

在一局比赛中，先得 11 分的一方为胜方。10 比 10 平分后，先多得 2 分的一方为胜方。

四、一场比赛

一场比赛应由奇数局组成。

第四节　乒乓球比赛中机会均等原则的体现

一、发球（或接发球）和方位

（1）赛前由抽签决定选择发球（或接发球）和方位的权利，中签者可以选择先发球（或先接发球），或选择先站在球台某一侧比赛。

（2）在获得每 2 分之后，接发球方即成为发球方，以此类推，直至该局比赛结束，或者直至双方比分都达到 10 分或实行轮换发球法，这时发球和接发球次序仍然不变，但每人只轮发 1 分球。

（3）在双打比赛的第一局比赛中，先发球方确定第一发球员，再由先接发球方确定第一接发球员。在以后的各局比赛中，第一发球员确定后，第一接发球员应是前一局发球给他的运动员；此后，每次换发球时，前面的接发球员应成为发球员，其同伴应成为接发球员。在 A/B 对 X/Y 的一场双打比赛中，只有两种击球次序，A—X—B—Y—A……和 A—Y—B—X—A……。但击球次序可以根据比赛不同阶段，从 4 名运动员中的任何一名开始。建议裁判员记录下比赛开始时的击球次序和每一局比赛的第一发球员，以便发生错误时能够参照其进行纠正。

（4）一局中首先发球的一方，在该场下一局应首先接发球。在双打比赛决胜局中，当一方先得 5 分时，接发球方应交换接发球次序。

（5）一局中在某一方位比赛的一方，在该场下一局应换到另一方位。在决胜局中，当一方先得 5 分时，双方应交换方位。

二、纠正错误

（1）裁判员一旦发现发球、接发球次序错误，应立即暂停比赛，并按该场比赛开始时确定的次序，按场上比分由该发球或接发球的运动员发球或接发球；在双打比赛中，则按发现错误时那一局中首先有发球权的一方所确立的次序进行纠正，再继续比赛。

（2）裁判员一旦发现运动员应交换方位而未交换时，应立即暂停比赛，并按该场比赛开始时确定的次序及场上比分对运动员应站的正确方位进行纠正，再继续比赛。

（3）任何情况下，发现错误之前的所有得分均有效。

（4）在回合进行过程中，如运动员或裁判员发现错误，裁判员应立即中断比赛，宣布该回合重发球，不必等到球处于非比赛状态时再处理问题。

（5）通常可根据场上比分来确定下一个回合的发球员和接发球员。但在双打比赛中，没有唯一“正确”的发球员和接发球员，假如一局比赛中应该首先发球的一方没有先发球，裁判员就无法明确第一发球员，此时裁判员应该立即要求在发生错误一局有发球权的一方运动员确定出他们之中的第一发球员，然后按照这个顺序和场上比分计算出下一个回合的发球员和接发球员，并按照正确的次序恢复比赛。

第五节 轮换发球法

轮换发球法的目的是防止双方运动员或配对消极比赛而导致比赛过分持久的一种规则方法，又称为“时间管制法”。

（1）在获得每 2 分之后，接发球方即成为发球方，以此类推，直至该局比赛结束，或者直至双方比分都达到 10 分或实行轮换发球法，这时发球和接发球次序仍然不变，但每人只轮发 1 分球。

说明：该条文为发球、接发球和方位的次序，如果双方比分都达到 10 分，则每人轮发 1 分球，实行轮换发球时也是每人轮发 1 分球。

（2）一局比赛进行到 10 分钟或在任何时间应双方运动员或配对的要求，应实行轮换发球法。轮换发球法一经实行，该场比赛的剩余部分必须继续实行，直至该场比赛结束。

（3）如果一局比赛比分已达到 18 分，将不实行轮换发球法。

说明：双方比分之和不是双方都已获得至少 9 分，如 8∶10 也不实行轮换发球法。

（4）当时限到且须实行轮换发球法时，球仍处于比赛状态，裁判员应立即暂停比赛，由被暂停回合的发球员发球，继续比赛；如果实行轮换发球法时，球未处于比赛状态，应由前一回合的接发球员发球，继续比赛。此后，每位运动员应轮发 1 分球，直到该局结束。如果接发球方进行了 13 次合法还击，则判接发球方得 1 分。同正常比赛一样，一局比赛先得 11 分的运动员获胜，10 比 10 平分后，先多得 2 分的运动员获胜。

（5）每一局比赛过程中，发球次序与正常比赛一样，但每 1 分换发球代替了每 2 分换发球，每一局单打比赛开始时首先发球的运动员和双打比赛首先发球的一方，以及双打比赛首先接发球的运动员均由比赛开始时确定的比赛次序决定，即使发球员和接发球员可能与前一局结束时的运动员相同。

（6）当时限到时，除非比分已达到 18 分（双方都已获得至少 9 分），否则计时员应大声宣布“时间到”。如果必要的话，裁判员应判重发球，并通知运动员该场比赛的剩余部分将实行轮换发球法，然后根据规则确定正确的发球员和接发球员。除非裁判长授权，否则当时限到时，裁判员应立即报告裁判长，由裁判长指派该场比赛的计数员。

（7）此后只要接发球员接球，计数员应清楚、短促、响亮地报出接发球方运动员的击球板数。建议计数员身体稍转向接发球方，从接发球开始，从 1 数到 13，应在接发球员球拍触球的瞬间报数，而不要等到球成为合法还击或已脱离比赛状态时再报。如果接发球方进行了 13 次合法还击，裁判员应立即喊“停”，并判接发球方得 1 分。

（8）建议计数员在裁判员旁站立，以便裁判员能清晰听到计数声音。

第六节　双打裁判知识

一、发球区的规定

双打比赛的各台区应由一条 3mm 宽的白色中线划分为两个相等的“半区”，中线与边线平行，并应被视为右半区的一部分。发球员发球时，球应先后触及发球员和接发球员的右半区。发球错区判发球方失 1 分。

二、发球次序的规定

双打时首先由发球员发球，再由接发球员还击，然后由发球员的同伴还击，再由接发球员的同伴还击。此后，运动员按此次序轮流还击。一人连续击球 2 次失 1 分。

（1）抽签后，确定发球方。在比赛开始前，裁判员要让发球方确定谁先发球，然后让接发球方确定谁先接发球，接发球方可以根据对方发球员选择合适的队员为接发球员。此外，由于发球区的限制，发球威力减小，所以在双打比赛中，中签的一方一般选择接发球较为有利。双方确定了发球员和接发球员后，就可以排出第一局的发球次序。裁判员应在记分单上做出相应标注。

如果有甲、乙两队运动员进行双打比赛，甲队由 A、B 两名队员组成，乙队由 X、Y 两名队员组成。假如 A 先发球，X 先接发球，那么，在此局中发球、接发球的轮转次序为 A 发 X 接→X 发 B 接→B 发 Y 接→Y 发 A 接，以此类推，直到此局结束，如图 2–5 所示。

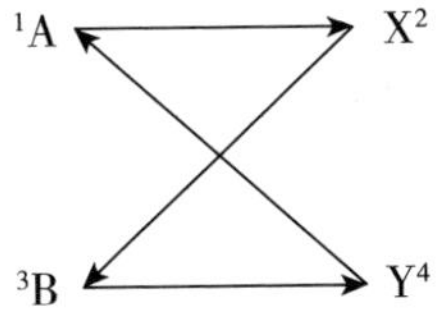

图 2–5　双打次序

（2）第二局比赛开始时，裁判员仍然需要让发球方确定第一发球员。如上例，第二局可由乙队 X 先发球，也可由 Y 先发球，当发球方确定发球运动员以后，甲队接发球的运动员必须是第一局发球给本局发球员的运动员。因此，第二局可能如图 2–6 所示。

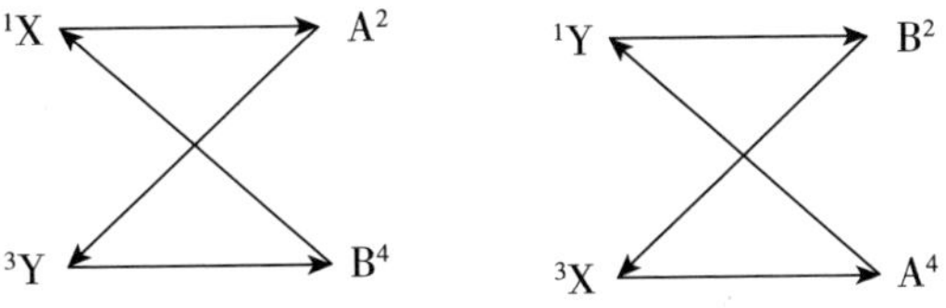

图 2–6　第二局比赛双打次序

（3）第三局比赛开始时，裁判员仍需让发球方确定第一发球员。如上例，第三局可由甲队 A 先发球，也可由 B 先发球，当发球方确定发球运动员以后，乙队接发球的运动员必须是第二局发球给本局发球员的运动员。因此，第三局可能如图 2–7 所示。

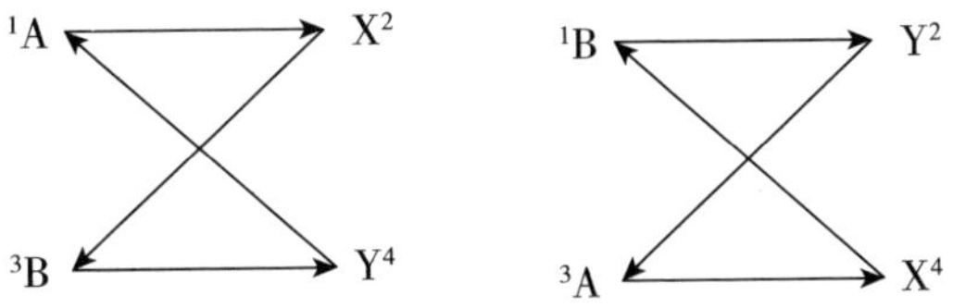

图 2–7　第三局比赛双打次序

以此类推，双打比赛决胜局中，当一方先得 5 分时，接发球方应交换接发球次序。此时裁判员必须清楚下一球的发球员，然后根据记录调整接发球员，使比赛发球、接发球顺序与双数局相同。

若决胜局比赛开始时 A 发球：如比分在 5 : 0 时交换方位，应为 B 发 X 接；如比分在 5 : 1 或 5 : 2 时交换方位，应为 Y 发 B 接；如比分在 5 : 3 或 5 : 4 时交换方位，应为 A 发 Y 接。

若决胜局比赛开始时 B 发球：如比分在 5 : 0 时交换方位，应为 A 发 Y 接；

如比分在 5∶1 或 5∶2 时交换方位，应为 X 发 A 接；如比分在 5∶3 或 5∶4 时交换方位，应为 B 发 X 接。

三、乒乓球的发球、接发球和方位

在一场比赛开始时，由裁判员组织双方通过抽签的方法确定接发球次序后，在整场比赛中都是有规律地轮换，单打比赛是这样，双打比赛也是这样。在乒乓球比赛的长期实践中，根据这种有规律的轮换发球，人们创造了一种“顺向”“逆向”的双打发球、接发球次序的记忆方法。实践证明，这是一种有效且容易掌握的方法。

1.“顺向”“逆向”规律的产生受混合双打比赛启发

混合双打时，比赛双方都是一男一女两名运动员。在长期实践中发现，如果一方运动员首先发球后，对方是同性别的运动员接发球，则该场的那一局比赛在任何比分时都是该方运动员击球后，对方是同性别运动员击球；而对方击球后，该方总是不同性别的运动员击球。在第一局第一个回合，如果是 A 方男运动员发球，而 X 方也是男运动员接发球，则该局比赛中，凡是 A 方男运动员击球，X 方必定是男运动员接球；凡是 A 方女运动员击球，X 方必定是女运动员接球。而 X 方发球则相反，凡是 X 方女运动员击球，A 方必定是男运动员接发球；凡是 X 方男运动员击球，A 方必定是女运动员接发球。可以把男发男接、女发女接称为“顺向”，而把男发女接、女发男接称为“逆向”。这样可以总结出混合双打比赛中发球、接发球次序的规律，混合双打首局比赛的第一个发球和接发球次序，决定了该局比赛所有的发球和接发球次序，按性别区分“顺向”与“逆向”时，第一次发球时的“顺向”一方，在全局比赛中均是“顺向”；第一次发球时的“逆向”一方，在全局比赛中则均是“逆向”。

2.“顺向”“逆向”规律可应用于所有的双打比赛项目

上述规律可应用到裁判员对所有双打比赛的执法中，从而成为一项记忆双打比赛发球、接发球次序的执法方法。

（1）发球、接发球次序的“顺向”或“逆向”，不仅存在于“发球”和“接发球”之间，而是存在于所有击球之间。就混合双打比赛来说，凡是“顺向”一方击球（不仅仅是发球），下一板一定是对方同性别运动员击球（不仅仅是接发球）；而凡是“逆向”的一方击球（也不仅仅是发球），下一板一定是对方不同性别的运动员击球（也不仅仅是接发球）。虽然记忆双打发球、接发球次序的难点和重点在于发球、接发球，但延伸到一场比赛的全部击球同样是有积极意义的。

（2）性别差异并不是双打比赛双方运动员之间唯一的标志物，还有其他可以利用的标志物。例如，双方运动员身材都是一高一矮，以身材高矮作为“顺向”和“逆向”的标志物；双方运动员执拍手都是一左一右，以执拍手作为“顺向”和“逆向”的标志物；双方运动员握拍方式都是一横一直，以握拍方式作为“顺向”和“逆向”的标志物，甚至双方运动员的发型等也可以作为标志物。

混合双打比赛中以性别作为“顺向”和“逆向”标志物的规律完全可以应用于所有双打比赛项目，以帮助裁判员轻松地判定运动员发球、接发球顺序的正确性。

3. 裁判员的应用操作流程

（1）在执法一场双打比赛前，召集检查双方运动员身份，检查运动员服饰、球拍时，寻找用于判断“顺向”和“逆向”的标志物。

（2）在组织双方运动员赛前“两项权利、两次选择”的抽签后，记住第一局的首先发球方和双方站立的方位，以及以后每局比赛的发球运动员。

（3）赛前练习结束，首先发球方确定首先发球的运动员，首先接发球方随后确定首先接发球运动员，裁判员应立即判定并记住“顺向”方和“逆向”方。

四、双打判罚的规定

参加双打比赛的两名运动员在执行规则时应视为一方运动员，对其中任何一名运动员的警告和判罚应被视为对这一方运动员的警告和判罚；双打比赛开始时，配对运动员中任何一名在同一场团体比赛中已经受到的最严重的警告或判罚应被视作该对双打运动员的警告和判罚。

▲例如，在双打比赛中，双打配对（A 和 B）在输掉一局比赛后立即出现不良行为（A 扔球拍，B 骂脏话）。裁判员应向 A 出示黄牌，向 B 出示红牌和黄牌，他们的不良行为是同时发生还是先后发生无关紧要。对双打配对中任何一名运动员的警告或处罚应视为针对该配对的警告和处罚。该场团体赛的下一场单打比赛，该配对中两名运动员均被视为有一张黄牌。该场双打比赛的下一局以 1∶0 或 0∶1 开始，对手先得 1 分。红牌和黄牌带入下一场比赛，但罚分不带入。

CHAPTER 03
第三章
乒乓球国际竞赛规程

乒乓球竞赛规程是针对一定规格的乒乓球竞赛需要执行的规定，是对规则的详细解释和说明。规定了在乒乓球比赛中裁判员应按规则、规程的规定组织并管理比赛，按规定判定一场比赛的胜负，而运动员应在遵守规则、规程的基础上，发挥自己的技战术去夺取比赛的胜利。

第一节 规则和规程的适用范围

一、比赛类型

乒乓球比赛通常可分为以下类型。

（1）国际竞赛，即一个以上协会的运动员参加的比赛。

（2）国际比赛，即不同协会代表队之间的比赛。

（3）公开赛，即所有协会的运动员均可报名参加的比赛。

（4）限制赛，即除年龄组外，只限于特定组别的运动员参加的比赛。

（5）邀请赛，即限于个别邀请的、指定协会或运动员参加的比赛。

二、适用范围

（1）除了另有规定及参赛协会达成另外协议的国际比赛之外，《乒乓球竞赛规则》（以下简称规则）将适用于冠以世界、洲际、奥林匹克和残疾人奥林匹克名称的比赛，以及公开赛和国际比赛。

（2）执委会可授权公开赛的组织者，采用临时性规则。

（3）国际竞赛规程适用于以下比赛。

①冠以世界、奥林匹克和残疾人奥林匹克名称的比赛，除非组委会许可了另外的规程，并事先通知了各参赛协会。

②洲际比赛，除非有关洲联合会许可了另外的规程，并事先通知了各参赛协会。

③国际公开锦标赛，除非国际乒联执委会许可了另外的规程，并由参赛者按以下（4）的条款规定予以同意。

④公开赛，以下4项条款规定除外。a. 不依照本规程任何条款而举办的公开赛，应在报名表中说明变化的性质和范围；填写并提交报名表应被视为报名者同意包括更改内容在内的比赛条款。b. 建议此竞赛规程应用于所有国际比赛；但在遵守章程的条件下，非会员单位组织的国际限制赛、邀请赛以及经许可的国际比赛，可以按照主办机构制定的规则举行。c. 本规则和国际竞赛规程被认为适用于所有国际比赛，除非各项变化已事先得到同意，或明确写入已公布的比赛规程中。

（4）对规则的详细解释和说明，包括国际竞赛的器材规格，应由理事会公布为“技术或管理文书”；操作指引或实施程序可由执委会颁布为“手册”或“指南”。此类出版物既包括强制性内容，也有建议和指导。

第二节　器材和比赛条件

一、批准和许可的器材

（1）对比赛器材的批准和许可，应由器材委员会代表理事会执行；执委会可随时终止某一项批准或许可，随后理事会可撤销该项批准或许可。

（2）公开赛的报名表或竞赛指南应详细说明所使用的球台、球网装置、地胶及球的牌子和颜色；球台、球网装置及球的选择应由国际乒联或比赛所在地的协会从国际乒联现行批准的牌子和型号中挑选；对于国际乒联批准的赛事，地胶应是国际乒联现行批准的牌子和型号。

（3）覆盖球拍的任何普通颗粒胶或海绵胶应是国际乒联现行许可的，且国际乒联标志、国际乒联编号（如有）、供应商名称和商标名应在最靠近拍柄处清楚可见。国际乒联办公室负责更新所有批准和许可的器材和材料清单，详细资料可从国际乒联网站上获得。

（4）轮椅运动员的比赛球台的桌腿距离球台端线至少40cm。

二、比赛服装

（1）比赛服包括短袖或无袖运动衫和短裤或短裙；连体运动服（裙）；短袜和运动鞋；其他服装，如半套或全套运动服，不得在比赛时穿着，得到裁判长的允许时除外。

（2）短袖运动衫（袖子和领子除外）、短裤或短裙的主要颜色应与比赛用球的颜色明显不同。但“主体”颜色并不一定是指覆盖区域最大的颜色，短袖运动衫前面的单一颜色，虽然仅占整个衣服的40%，但仍是主体颜色。鉴于此，占很大比例的同一种颜色如果只是均匀分布，可能不会影响注意力。这一条款的目的是保证球的可见性，因此运动衫背面的颜色可以不予考虑。

（3）重要的是服装的主体颜色，裁判长必须确定其是否与比赛用球的颜色形成足够的反差。只要服装颜色与比赛用球的颜色明显不同，穿黄色为主的服装时可以使用橙色的比赛用球，穿底色是白色、有图案的服装时也可以使用白色的比赛用球。

（4）在运动员短袖运动衫的背后可印有号码和文字，用于标明运动员、运动员的协会，或在俱乐部比赛时，标明运动员的俱乐部，以及符合规则中有关的广告规定。运动员的姓名应该印在紧靠衣领下的位置。对这些文字和徽章的颜色及尺寸没有特别的限制，但是它们必须符合对服装颜色、设计的通常要求，并且不得与主办方要求运动员佩戴的识别号码混淆。

（5）团体赛同队运动员或来自同一协会的双打运动员应穿着同样的服装，鞋、袜及服装广告的数量、尺寸、颜色和设计可以不同。允许女双运动员中一名运动员穿短裤，另一名穿短裙，但服装的颜色和设计要求一致；混双配对也是如此。

（6）赛前服装颜色问题通常在检录区进行确认。检录时，要求运动员展示比赛所穿的服装，并且得到裁判员的确认。如果在规定的时间内，一方运动员没有到达，则先期到达的运动员有优先选择服装颜色的权利。

（7）比赛的双方运动员应穿着颜色明显不同的运动衫，以便于观众区分。因此，在决定双方运动员的服装颜色是否能够被接受时，从比赛区域到观众席的距离必须被纳入考虑，明显不同的颜色应能使坐在观众席后排的观众清楚地辨认运动员。因此，双方运动员运动衫的主体颜色应完全不同，而不能仅仅是花色或图案不同。裁判员必须在运动员练习前，且最好在运动员到达比赛区域前解决这方面的问题。

（8）当裁判员认为双方运动员所穿的服装区别不大时，应该询问他们谁将更换比赛服装，如果双方运动员都不同意更换比赛服装，应由裁判员抽签决定某一方必须更换。如果运动员不接受这样的做法，裁判员必须立即报告裁判长。

（9）一般来说，服装可以任意设计，但不得带有可能冒犯或诋毁本项运动声誉的符号或文字。裁判长有权决定哪些是可以接受的，哪些是不可接受的，且必须排除淫秽的图案、文字，以及政治标语和信息。

（10）运动衫、短裤或短裙上除了有服装制造商的标志和商标外，允许印有广告，但某些产品的广告除外，如烟草产品、酒精饮料、有毒药品或非法产品等。对服装上广告的尺寸、数量有限制，对设计没有限制。广告不得过于显眼或明显反光，以至于影响对手视线，也不能有冒犯性词语或符号。

（11）在短袖运动衫背部的中间位置应优先佩戴主办方指定的用于标明运动员身份的号码布，应为长方形，面积不大于 $600cm^2$。

（12）比赛服装前面或侧面的任何标记或装饰物，以及运动员佩戴的任何物品，如珠宝装饰等，均不应过于显眼或反光，以免影响对方的视线。

（13）裁判员首先应考虑运动员的服装是否符合相关规定。如果确信运动员的服装不合法，应向运动员做出解释；如果运动员接受决定，更换了不合法的服装，那么就没有采取进一步行动的必要。只有当裁判员不能确定或运动员不接受裁判员的决定时，才向裁判长请示。

（14）在发生需要判断服装是否符合规定的情况时，任何有关服装合法性的问题均由裁判长决定，裁判长的决定即为最终决定。

（15）裁判长应不时地巡视比赛大厅，亲自检查是否存在明显的运动员服装不符合规则要求的情况。裁判长应该尽量在赛前做出决定，因为若运动员的着装在先前的比赛中已经被允许，再禁止其上场是很困难的。对于服装合法性和其他比赛器材的裁决，裁判长既要对同一场比赛的所有运动员一视同仁，又要和其他类似比赛实施的标准尽可能地保持一致。在无法确定时，可以与先前得到认可的类似的服装进行比较，并遵循一个更广泛的标准。

（16）规程所定义的“普通服装”里没有特别排除诸如头饰和紧身衣服等服饰，每一种情形必须由裁判长来决定，并考虑到本项运动的展示。由于宗教原因戴头饰或因为头发太长戴发带以免影响运动员视线，是可以接受的。但大多数裁判长不允许反戴棒球帽。

（17）运动员佩戴的反光的首饰或其他物品，可能干扰对手视线，如果对手提出异议，裁判员应该要求运动员摘掉或遮盖住。如果要求被拒绝，不管裁判员意见如何，都应报告裁判长。在以往的比赛中，佩戴了相应物品但没有被禁止的事实不能成为理由，裁判长必须根据每个事例的具体情况做出裁决。

（18）裁判长有权允许运动员不穿鞋参加比赛。运动员一般不得穿着长袖运动服参加比赛，除非得到裁判长许可。例如，比赛大厅非常冷，可能有拉伤肌肉的危险，或者运动员有伤残而不愿暴露等情况。如果允许运动员穿长袖运动服比赛，也必须符合运动服装的有关要求。轮椅组和站立组的肢体残疾运动员，在比赛中可以穿长运动裤，但禁止穿牛仔裤。

（19）在冠以世界、奥林匹克或残疾人奥林匹克名称的比赛中，团体赛同队运动员或来自同一协会的双打运动员，应穿着相同的服装，鞋、袜及服装广告的数量、尺寸、颜色和设计可以不同。

（20）运动员参加冠以世界、奥林匹克或残疾人奥林匹克名称的比赛时，穿着的短袖运动衫、短裤或短裙等应为其协会批准的种类。

（21）如果运动衫被撕破或被汗水湿透需要更换，在很多文化习俗中男运动员在比赛场地更换衣服是可以接受的，但应在台区之外。但要注意的是，在某些文化或宗教中，男性当众更衣也是不能接受的行为；而且在几乎所有文化习俗中，女性当众更衣是不能接受的。在这种情况下，应允许运动员于法定间歇时间在一名裁判员的陪同下离开比赛区域。运动员应迅速更换衣服，但用时比法定间歇稍长些是可以接受的。裁判长可以针对具体情况进行处理，也可以在赛前交由裁判员直接处理。如交由裁判员处理，裁判长应在裁判员大会和领队会上予以明确。应始终允许女性运动员离开比赛场地更换衣服。

三、比赛条件

（1）比赛空间应为不小于 14m 长、7m 宽、5m 高的长方体，但 4 个角可用长度不超过 1.5m 的挡板围起。轮椅项目的比赛空间可以适当缩小，但不得小于 8m 长、6m 宽；元老赛的比赛空间也可以适当缩小，但不得小于 10m 长、5m 宽。

（2）以下器材和装置应被视为每个比赛区域的一部分：球台及球网装置，地胶，裁判员桌椅，比分显示器，毛巾盒，台号，挡板，挡板上的队名牌或人名牌。小型技术器材的安装方式不得影响比赛。

（3）在冠以世界、奥林匹克和残疾人奥林匹克名称的比赛中，从比赛台面高度测得的照明度不得低于 1500lx，且整个比赛台面照明度均匀，比赛区域其他地方的照明度不得低于 1000lx；其他比赛中，比赛台面的照明度不得低于 1000lx 且照明度均匀，比赛区域其他地方的照明度不得低于600lx。

（4）使用多张球台时，每张球台的照明水平应是一致的，比赛大厅的背景照明不得高于比赛区域的最低照明度；光源距离地面不得少于5m。

（5）场地四周一般应为暗色，不应有明亮光源，或从未加遮盖的窗户或缝隙等透入日光；地板颜色不能太浅、反光强烈或打滑，且应当具有弹性；轮椅比赛的地板可以是坚硬的。在冠以世界、奥林匹克和残疾人奥林匹克名称的比赛中，地板应为木质或国际乒联许可的某品牌和种类的可移动合成地板。

（6）比赛条件的可接受性应由裁判长最后决定。通常是裁判员首先意识到可能存在的缺陷，尤其是那些开赛后才出现的缺陷。裁判员必须熟悉有关规则、规程的规定，以便能及时向裁判长报告其无权纠正的缺陷。

（7）通常在确定比赛场地时就对比赛空间及照明度进行过检查，球台、球网也已安装妥当，但裁判员还是应该在赛前亲自检查一下有无影响比赛顺利进行的情况，诸如电源未接通、球台或挡板位置不当、球网未拉紧等。

（8）一旦出现缺陷，裁判员应自己设法解决，如果不停止比赛就不能解决问题，则应及时报告裁判长。裁判长可以中断比赛直到恢复适合比赛的条件，或更换场地继续进行比赛。如果缺陷比较轻微，裁判长、双方运动员都同意忽略，比赛可以在不太理想的条件下继续进行。

（9）竞赛官员有责任检查、监督有关广告规定的执行。裁判长应检查赛场内、赛场周围器材和装置上广告的数量、颜色和尺寸，以便在比赛开始前及时进行必要的纠正。比赛期间，裁判员必须保证运动员服装和号码布上的广告符合规定。

四、广告和标记物

（1）在比赛区域内，广告只能在规则条款中所列的器材与装置或比赛服装、裁判员的服装或运动员的号码布上展示，不应有额外的特别展示。比赛区域内及周边、比赛服装、号码布、裁判员服装上的广告和标记物不能含烟草产品、酒精饮料、有害药物和非法产品的内容，也不能含种族、性别、宗教和残疾方面的歧视内容或暗示，以及其他形式的歧视。然而，对并非明确为18岁以下运动员组织的比赛，只要当地法律允许，国际乒联可以允许在比赛区域内或周边的器材或设备上出现含非蒸馏酒精饮料的广告或标志物。

（2）在奥运会和残奥会中，比赛器材、比赛服装及裁判员服装上的广告应分别符合国际奥委会和国际残奥委会章程的规定。

（3）比赛区域除周边挡板上的发光二极管（LED）和类似装置的广告外，整个比赛区域的任何位置不允许有其他荧光、发光或反光的颜色，挡板的背景颜色应保持暗色调。在比赛中，挡板上的广告不允许由暗变亮或由亮变暗。在比赛期间，挡板上的LED和类似装置不能过于明亮以至于影响到运动员，且球处于比赛状态时不允许变换LED和类似装置上的广告。没有得到国际乒联批准的广告不允许在LED和类似装置上展示。

（4）挡板内侧的字样和标记应与比赛用球的颜色明显不同，且不得超过两种颜色，其总高度应限制在40cm之内。

（5）比赛区域地面上最多可有6条广告，在球台每端可各有两条广告，每个广告的总面积不得超过5m^2；在球台的每侧可各有一个广告，每个广告的总面积不得超过2.5m^2。球台两端的广告应当距离球台端线旁边的广告不少于3m；除非事先得到了国际乒联的同意，否则颜色必须一致且与比赛用球的颜色不同；不能明显改变地板表面的摩擦力；只能由商标、字标、图标组成，不能包含任何背景。

（6）球台上的广告应当完全符合以下要求：在球台每个半区的侧面和端面均可以有一个包含制造商或供应商名称或标识的永久性广告。在球台每个半区的侧面和端面均可以有一个包含制造商或供应商名称或标识的临时性广告。每个永久性和临时性广告的总长度不超过60cm。临时性广告应与永久性广告明显分开，且不能是其他乒乓球器材供应商广告。在球台底架上不得有球台的广告、标识、名称及制造商或供应商的名称，除非球台制造商或供应商也是赛事的冠名商。

（7）在每侧球台的球网上可以各有两个广告，球网广告应与比赛用球的颜色明显不同，与球网顶端的距离不少于3cm；在球台边线垂直延长线以内的球网广告应为标志物、文字商标或其他图标，且为单一深色。

（8）比赛区域内裁判桌或其他器材上的广告，其任何一面的总面积不得超过750cm^2。

（9）比赛服装上的广告应受下列限制。

制造厂家的正常商标、标记或名称，总面积不得超过24cm^2。

短袖运动衫的前面、侧面或肩部不得超过6条广告，每条广告必须明显分开，广告总面积不得超过600cm^2；在短袖运动衫正面的广告不得超过4条。

短袖运动衫的背后不得超过2条广告，总面积不得超过400cm^2。

短裤或短裙上不得超过2条广告，总面积不超过120cm^2，且只能出现在正面或侧面。

（10）运动员号码布上的广告总面积不得超过 100cm^2；如果不使用号码布，可以为赛事赞助商提供总面积不超过 100cm^2 的额外的临时广告位。

（11）裁判员服装上的广告总面积不得超过 40cm^2。

第三节　比赛官员

一、裁判长

每次竞赛应指派一名裁判长，其身份和工作地点应告知所有参赛者，并适时告知各参赛队队长。裁判长应负责：主持抽签；编排比赛日程（时间、台号）；指派裁判员；主持裁判员的赛前短会；审查运动员的参赛资格；决定在紧急时刻是否中断比赛；决定在一场比赛中运动员能否离开比赛区域；决定能否延长法定练习时间；决定在一场比赛中运动员能否穿长袖运动服；对解释规则和规程的任何问题做出决定，包括服装、比赛器材和比赛条件的可接受性；决定在比赛紧急中断时，运动员能否练习，以及练习地点；对于不良行为或其他违反规程的行为采取纪律行动。

经竞赛管理委员会同意，当裁判长的任何职责托付给其他人员时，这些人员中的每个人的特殊职责和工作地点应告知参赛者，并适时告知各参赛队队长。裁判长或在其缺席时负责代理的副裁判长，在比赛过程中应自始至终在比赛场地上。如果裁判长认为有必要，可在任何时间更换裁判人员，但不得更改被更换者在其职权范围内就事实问题做出的判定。从抵达比赛场馆至离开场馆，运动员应处于裁判长的管辖之下。

对于诸如因伤病要求暂停比赛或取消不良行为运动员比赛资格等事例，裁判长是唯一的裁决者。其必须保持公正，避免任何偏袒特殊运动员的嫌疑。在重要的比赛中，建议裁判长和副裁判长来自不同的协会，以便在裁定争议时始终保持“中立”。

裁判长的职责包括指派其他竞赛官员，虽然通常不会亲自指派裁判员，但其必须确信被指派的官员能够胜任工作，并且能公正、一致地执行规则和规程。裁判长在赛前短会中，应向裁判员解释其期望执行规则和规程的尺度，尤其是对那些新的或可能有争议的规则和规程。

二、裁判员、副裁判员和计数员

每场比赛均应指派 1 名裁判员和 1 名副裁判员。裁判员应坐或站在球台一侧，与球网成一条直线；副裁判员应面对裁判员坐在球台另一侧。

（一）裁判员负责的工作

（1）检查比赛器材和比赛条件的可接受性，如有问题应向裁判长报告。

（2）按照相应规则条款规定，任意取一个球。

（3）主持抽签，确定发球方、接发球方和场地。

（4）决定是否由于运动员身体伤病而放宽合法发球的某些规定。

（5）控制方位和发球、接发球次序，纠正上述有关方面出现的错误。

（6）决定每一个回合得 1 分或重发球。

（7）根据规定的程序报分。

（8）在适当的时间执行轮换发球法。

（9）保持比赛的连续性。

（10）对违反场外指导或行为等规定者采取行动。

（11）如果双方运动员或运动队所穿短袖运动衫类似且均不愿更换，抽签决定某一方必须更换。

（12）确保只有经许可的人员才能进入比赛区域。

（二）副裁判员负责的工作

（1）决定处于比赛状态中的球是否触及距离其最近的比赛台面的上边缘。

（2）发现违反场外指导或行为规定情况时，及时告知裁判员。

（三）裁判员或副裁判员均可负责的工作

（1）判决运动员发球动作不合法。

（2）判决合法发球触及球网装置。

（3）判决运动员阻挡。

（4）判决比赛条件受到意外干扰，该回合的结果有可能受到影响。

（5）对练习时间、比赛时间及间歇时间进行计时。

（四）计数员

执行轮换发球法时，副裁判员或另外指派的一名裁判人员均可担任计数员，数接发球方运动员的击球板数。

（五）其他相关规定

（1）裁判员不得否决副裁判员在其职权范围内所做的决定。

（2）从抵达比赛区域开始直至离开，运动员应处于裁判员的管辖之下。

（3）每场比赛必须指派 1 名裁判员，其基本职责是根据事实决定每个回合的结果。原则上，裁判员无自由裁决的权利，但某些规则和规程的执行却要求其行使裁决权。

▲例如，当运动员的发球或还击由于无法控制的环境干扰而受到影响时，由裁判员决定该回合是否为重发球，或决定运动员的行为是否可以接受。

（4）当一名裁判员单独执法时，其对一场比赛中发生的所有问题做出最终的决定，包括擦边球和所有有关发球的判定。在这种情况下，其也直接负责对比赛时间的掌控。但当实行轮换发球法时，需要有另一名裁判员协助计数。

（5）有时裁判员必须接受由其他竞赛官员做出的某些裁决，但如果裁判员认为该官员所做的裁决超越了其权限，则有权要求该官员做出解释。经询问，如果该官员确实超越了权限，裁判员可以否决该官员所做的错误裁决，或者予以纠正，或者（更常见的）宣判该回合为重发球。

（6）裁判员应该坐在球台一侧 2~3m 处，与球网成一条直线。裁判椅应该稍高一些，虽然在单打比赛中这不是基本的要求。在双打比赛中，如果裁判椅不够高，导致裁判员看不清发球是否落在正确的台区时，裁判员应该站立执法。在单打比赛中，裁判员不应站立，以免挡住观众的视线。

（7）国际比赛必须指派 1 名副裁判员，由其接管或分担裁判员的某些职责。

▲例如，副裁判员全权决定靠近其一侧球台的擦边球，同样有权决定运动员发球的合法性、运动员阻挡和某些情况下的重发球。

（8）在某些情况下，裁判员和副裁判员中一个人的判定可能会被另一个人的先行判定所取代。

▲例如，假如裁判员已经看到运动员的不执拍手触及了比赛台面，其就可能不再注意球是否在靠近副裁判员一侧擦边了；同样，如果裁判员因为外界球的进入而先判定该回合为重发球，则副裁判员判定的发球违例就不再失分了。

（9）计时员可由副裁判员担任，但有时裁判员更愿意自己负责，这可能是因为他们希望自己掌握比赛中断时间的长短。计时员必须控制赛前练习、一局比赛、局与局之间的间歇及任何经批准的中断时间。计时员在有关时间的问题上有最终决定权。

（10）执行轮换发球法时，计数员通常由其他官员担任，副裁判员也可担任。计数员的职责只是数接发球方运动员的击球板数，其他人不得更改其对这个事实做出的判定。如果副裁判员没有担任计数员，则继续执行副裁判员的全部职责。

三、申诉

（1）在单项比赛中，双方运动员或在团体比赛中双方队长之间所达成的协议，均不能改变该场比赛的裁判人员就事实问题所做的决定，也不能改变裁判长就解释规则或规程的问题所做的决定，亦不能改变竞赛管理委员会对竞赛或比赛管理问题所做的决定。

（2）对于有关裁判人员就事实问题所做的决定，不得向裁判长提出申诉；对于裁判长就解释规则或规程的问题所做的决定，不得向竞赛管理委员会提出申诉。

当启用乒乓球复核系统（TTR）时，可对执行任务的比赛官员就事实问题做出的判定向 TTR 官员提出申诉，TTR 官员的决定将成为最终裁决。

（3）对裁判人员就解释规则或规程的问题所做的决定不服时，可以向裁判长提出申诉，裁判长的决定为最后决定。

（4）对裁判长就未包括在规则或规程中的有关比赛管理问题所做的决定不服时，可向竞赛管理委员会提出申诉，该委员会的决定为最后决定。

（5）在单项比赛中，只能由参赛的运动员就该场比赛中出现的问题提出申诉；在团体比赛中，则只能由参赛队的队长就比赛中出现的问题提出申诉。

（6）对裁判长就解释规则或规程的问题所做的决定或竞赛管理委员会就比赛管理方面的问题所做的决定仍有异议时，可以由有权申诉的运动员或队长，通过所属协会将问题提交国际乒联规则委员会考虑。

（7）国际乒联规则委员会将就此做出的裁决，作为将来的指南。所属协会仍可就该裁决向理事会或代表大会提出反对，但不影响裁判长或竞赛管理委员会已做出的任何最后决定。

（8）当对某竞赛官员提出申诉时，只有该竞赛官员可加入辩论。有时，裁判长可能会征询同场地其他竞赛官员或证人的证词或意见，但其陈述完毕后不得继续参加讨论，任何无关人员不得介入。

四、更换裁判员

（1）比赛期间，不管是一场比赛开始前还是已经开始，有时会出现对临场裁判员是否有能力履行其职责产生争议的问题。虽然这种情况很少发生，但一旦发生，裁判长必须行使权力进行处理。如果更换裁判员是唯一合适的方式，则应进行更换。

（2）裁判长必须考虑：更换与不更换裁判员，哪个可能导致比赛结果不公平。假如一名裁判员的执法是正确的、一致的，没有蓄意偏袒的迹象，那么仅仅因为其判定可能对一方运动员的影响比另一方大就将其更换掉，是不合理的。

（3）裁判员被一名运动员抱怨执法太严厉或者曾是运动员抗议的对象，不应成为取消该裁判员执法那位运动员要参加的比赛的理由。同样地，在比赛中，裁判员与运动员或该队队长之间持续的争执未必成为更换该裁判员的依据。

（4）一名裁判员偶尔出错，且能很快纠正，不足以成为更换该裁判员的理由；即使错误一再出现，但比赛结果明显不会受到影响，裁判长最好不予干预。然而，必须考虑到观众可能出现的反应，特别是重要场次的比赛。

（5）只有当运动员对裁判员的能力或执法完全失去信任，裁判长确信继续留用该裁判员可能影响比赛的公正结果时，才可更换裁判员。更换时，要尽量减小影响，同时应向被更换的裁判员谨慎地解释原因，避免在公众面前批评裁判员。

（6）当一名裁判员因为裁决错误而被更换时，其在权限内根据事实所做的判决不得更改。假如错误的产生明显是由于裁判员错误地理解了规则或者超出了权限，那么可以考虑重新开始比分受到影响的比赛。不过，通常最好还是从已有的比分开始继续比赛。

五、裁判员的基本表现

（1）裁判员除了基本的职责，即保证比赛公平竞争外，在呈现赛场面貌方面也起着不可或缺的作用。然而，这并不是鼓励他们沉湎于个人表演。一支好的裁判员队伍应是不引人注目的，由于他们不引人注意地控制着比赛，运动员和观众才能全神贯注于比赛的进程。

（2）执行任务时，裁判员应该保持机敏，并将注意力集中于自己正在执裁的比赛上。对于运动员来说，比赛是严肃的，他们不希望裁判员以诙谐和轻松的态度对待比赛。在比赛过程中，裁判员不应离开自己的座位，除非出于某种特殊目的，诸如在一局比赛结束后收回比赛用球或将挡板摆放整齐。

（3）即使不执行任务，裁判员也应该注意不要做出不庄重的行为，从而损害自己的权威或损坏本协会或乒乓球运动的声誉。与运动员保持良好的关系非常重要，但要注意避免与某些运动员的关系过于友好或有偏向的嫌疑。要避免公开批评其他官员或主办者。

（4）比赛期间，裁判员也有责任保持比赛赛场的秩序。保持比赛场地的整齐、干净，清除无关人员、设备，发现球台与挡板被弄乱后应立即复位。只有与本场有关的裁判员可以进入比赛区域，裁判员的位置在能够执行任务的情况下，应尽可能地不引人注目。

（5）通常对团体赛中教练员座席人数有所限制，单项比赛中对允许陪同运动员（进入比赛区域）的人数也有规定。裁判员有责任确保这些规定被遵守，必要时裁判员应暂停比赛，将无资格的人员请出教练席。

（6）当裁判员进入比赛区域做赛前或赛后介绍时，应将上衣的纽扣系好；而当坐下时，裁判员可解开上衣的纽扣以便手臂活动。

六、竞赛官员服装

（1）在之前很长一段时间里，参加国际乒联赛事的裁判员需穿着卡其色长裤或裙子作为制服。这项规定在 2019 年被变更，要求裁判员穿着黑色长裤或裙子。进一步研究后，国际乒联裁委会决定，要求裁判员在所有赛事中均穿着黑色长裤或裙子作为制服；不要求所有竞赛官员佩戴领带；穿翻领 T 恤衫时不佩戴国际级裁判员徽章及姓名牌（表 3–1 和表 3–2）。

（2）在一些情况下，同一次比赛的所有裁判员可共同协商确定如何变更裁判服。最重要的是，裁判员的服装必须整洁，且尽可能保持一致。必须强调的是，变更裁判服应得到组织者的同意。

表 3–1　国际乒联裁判员与裁判长制服要求

	男士	女士
裁判员翻领 T 恤 / 女式上衣	淡蓝色长袖 / 短袖有领 T 恤	淡蓝色长袖 / 短袖翻领 T 恤或职业套装上衣
裁判员长裤 / 裙子	黑色正式款长裤	黑色正式款长裤或长度及膝且便于在公众场合舒适就座的裙子

续表

	男士	女士
裁判长翻领 T 恤 / 女式上衣	深蓝色长袖 / 短袖有领 T 恤	深蓝色长袖 / 短袖正式款衬衣或职业套装上衣
裁判长长裤 / 裙子	黑色西装长裤	黑色正式款长裤或长度及膝且便于在公众场合舒适就座的裙子
外套（低温条件下）	藏青色单排扣西服	
皮带（如果穿着）	黑色正装皮质皮带，小皮带扣	
鞋	黑色无痕橡胶底正装鞋或运动鞋，不允许穿着女式高跟鞋	
袜子	脚踝高度或更高的黑色袜子	穿裙子时穿着长筒袜

表 3-2　温和 / 空调环境中工作的标准全套裁判制服

	男士	女士
外套	纯色藏青色单排扣西服	
翻领 T 恤 / 女式上衣	淡蓝色西装衬衣	淡蓝色带领款职业套装上衣
长裤 / 裙子	黑色正式款长裤	黑色正式款长裤或长度及膝且便于在公众场合舒适就座的裙子
皮带（如果穿着）	黑色正装皮质皮带，小皮带扣	
鞋	黑色无痕橡胶底正装鞋或运动鞋，不允许穿着女式高跟鞋	
袜子	脚踝高度或更高的黑色袜子	穿裙子时穿着长筒袜
毛衣（寒冷环境下可选择性穿着）	纯色藏青色毛衣，比赛场馆内或场馆外温度太低时，可穿在外套内	
徽章	国际乒联的国际级裁判员徽章应佩戴在西服的左边翻领上	
其他国家级或国际级徽章	以国际级裁判员身份工作时，即使具备其他国家级或国际级资质也仅佩戴国际级裁判员徽章（如国家级或国际级裁判长）	
帽子及其他头饰	不允许穿戴，除非得到裁判长允许	
姓名牌	白色黑字姓名牌，Times New Roman 字体，前面为全大写的姓氏，加逗号和空格；后面为首字母大写、其余字母小写的名字。姓名牌大小为 2cm 宽、8cm 长，佩戴于西服右侧翻领上，与国际级裁判员徽章高度一致	

第四节　比赛的管理

一、报分

（一）当回合结束、球脱离比赛状态，或在情况允许时，裁判员应立即报分

（1）一局比赛中的报分，裁判员应首先报下一回合即将发球一方的得分，然后报对方的得分。

（2）在一局比赛开始后该交换发球权时，裁判应指向下一个即将发球的运动员，也可以在报完比分后，报出下一个即将发球的运动员的名字。

（3）一局比赛结束时，裁判员应先报胜方分数，然后报负方分数，最后可以报胜方运动员或配对的姓名。

（二）除报分外，裁判员还可以用手势表示判决

（1）当判得分时，裁判员可将靠近得分方的手臂举起，上臂保持水平，前臂垂直，手握拳向上。

（2）当出于某种原因，回合应被判为重发球时，裁判员可以将手高举过头表示该回合结束。

（三）报分中的注意事项

（1）报分或在实行轮换发球法报数时，裁判员应使用英语或双方运动员及裁判员均能接受的任何其他语言。

（2）应使用机械或电子设备显示比分，以便运动员和观众看清。

（3）当运动员因不良行为受到正式警告后，应在翻分器上靠近该运动员得分处放置一张黄牌。如果裁判员和副裁判员同时使用翻分器，红牌和黄牌应同时放置在 2 个翻分器上。

（4）裁判员报分应清晰，注意语调不要偏向某一方，对一个回合结束后比分发生变化的数字可稍微加重语气。如果使用麦克风，需要调整说话的音量或麦克风的位置，应牢记麦克风可能会将不希望观众听见的话也传出去。

（5）一个回合结束时，裁判员通常应立即报分，而不必等到判断双方运动员准备继续比赛时再报。然而，如果喝彩声较大或有一名运动员到比赛区后捡球，可暂缓报分，直到确信双方运动员都能听见比分时再报。

（6）报分时，应先报下一回合将要发球一方的得分，再报对方的得分。换发球时，应用手指向发球方，也可以报出下一名发球员的名字。是否报出发球方的名字由裁判长在赛前短会上决定，目的是使同一次比赛中所有裁判员行为一致。一局比赛开始时，应先报发球方的名字。裁判员可报运动员的姓名，应在比赛开始前确定运动员姓名的正确发音。

（7）如果双方都得 4 分，可报为"4 比 4"或"4 平"，比分 0 可以用"0"或"love"来表示。一局比赛开始时，裁判员应报"×××发球""0 比 0"或"love-all"，以避免报分未结束运动员已开始比赛。如果判为重发球，裁判员应重报原有比分，以示该回合未得分。

（8）在团体比赛中，可以用比赛协会的名称替代运动员的名字，或者另加上运动员的名字来报分，但都要求指向下一发球方。

▲例如，在法国队与波兰队的一场团体赛中，开赛可以报为"波兰队×××发球，0 比 0"；赛中比分可报为"6 比 4，法国"；一场比赛结束时，结果可报为"11 比 6，波兰队胜""波兰队以 3 比 0 胜该场比赛""波兰队 1 比 0 领先"。

（9）在国际比赛中，通常使用英语来报分和报轮换发球法中的击球板数，如果裁判员和双方运动员都同意，也可以使用其他语言。除非观众显然更愿意接受另一种语言，否则其他方面的宣告应使用英语。

（10）除报分外，裁判员也可以用手势来表示判决，特别是在赛场喧闹声太大，运动员、观众及其他人员听不清裁判员的报分时。即使裁判员可以待掌声消退或运动员捡球回来时再报分，但一个快速的得分手势可以明确比分而不必等到报出比分。

（11）换发球时，裁判员必须用手指向下一个发球方。当判得分时，可将靠近得分方的手臂举起，上臂保持水平，前臂垂直，手握拳向上。如果要判重发球或希望推迟比赛，则应将手高举过头。副裁判员在其权限内所做的判定需要引起裁判员的注意时也应使用同样的手势。手势应干净利落，不要带有夸张或挑衅意味。

（12）正确的手势示例和推荐裁判员、副裁判员在比赛进行中使用的宣告方式参见第八节乒乓球裁判手势示例。

（四）解释语

（1）通常，裁判员没有必要对判决做出解释，并且应避免做出不必要的宣告。

▲例如，运动员发球下网，很明显未能合法发球，没有必要喊“犯规”。

但是，如果一个判决并不能自动终止比赛或运动员、观众对该判决不清楚，则可以用标准的手势或下列标准术语予以简单解释。

（2）标准解释术语：发球不合法——“违例”；运动员身体、衣服或球拍触网——“触网”；比赛台面移动——“台面移动”；不执拍手触及比赛台面——“手触台面”；球被运动员阻挡——“阻挡”；球连续两次触及同一台区——“两跳”；同一运动员有意连续两次击球——“连击”；双打运动员击球次序错误——“次序错误”；双打发球时，球触及错误的半区——“错区”。

（3）必要时，裁判员应该进行详细解释，尤其是当运动员被判发球不合法且不清楚自己有何错误时。语言障碍常常可以通过手势克服，如当运动员未注意球擦边时，可用手指向球擦边处，或演示部分发球违例动作。

二、器材

（一）球

（1）运动员不得在比赛区域内挑球。

（2）如有可能，在进入比赛区域前，运动员应有机会挑选一个或几个比赛用球，并使用其所挑选的球进行比赛。如果赛前双方运动员就比赛用球意见不一致，裁判员应随机拿任意一方选的1号球作为比赛用球。如果运动员在抵达比赛区域之前并未挑球，则由裁判员从指定比赛用球的球盒里随机拿一个球用于比赛。

（3）如果比赛中球损坏，应由比赛前选定的另外一个球代替；如果没有赛前选定的球，则由裁判员从一盒赛会指定的比赛用球中任意取一个球代替。

（4）裁判员有责任保证每场比赛用球的品牌和颜色是比赛指定的，即使双方运动员都更喜欢使用其他型号的球。运动员任何企图用其他球替代指定用球的行为，都可被认为是不良行为，并应按相关规程进行处理。

（5）如果比赛期间因球破裂或飞出场外而必须换球时，应按如下程序处理：运动员可用新球练习几个来回，但必须让他们清楚，其目的只是让他们熟识新球的性能，不允许他们检测这个球而要求另换一个。

（6）“多球制”是指副裁判员持有一定数量的比赛用球，在回合之间和每局开始时向发球员递下一个球（落网球可以继续用于下一回合），这样运动员不需要去捡球，更不用走到挡板边捡球。每一场比赛之前，运动员可以从赛事指定用球中挑选 20 个球（双方各 10 个）。在整场比赛中，装球的盒子应放在副裁判员桌上；每个回合结束，副裁判员立即将球递给下一个发球员，除非发球员已经自行捡好球。一旦回合被判分或球结束比赛状态时，球童从场区端线的一侧跑向另一侧，同时捡取地上的球放入场区每个角落的容器里，通常在局间将捡好的球倒入副裁判员桌上的盒子里。

（二）球拍覆盖物

（1）在按国际竞赛规程组织的比赛中，球拍的覆盖物必须是国际乒联批准的型号，须附有国际乒联的标志和制造商的标志或商标，且运动员粘贴胶皮时必须使这些标志在击球拍面的近拍柄处清晰可见，以便裁判员检查。

（2）球拍的击球面必须覆盖指定的材料，无论是否有覆盖物，球拍两面的颜色都必须一面为黑色，另一面为与黑色和球的颜色明显不同的鲜艳颜色。覆盖物必须覆盖底板的击球部分，不得超出，但允许有一定的宽限。宽限的范围必须由裁判长决定，并要求裁判员按照所决定的宽限执行。作为参考，大多数裁判长允许的宽限是超出或缩进 2mm。残障 1 级和 2 级的运动员更是如此，他们在击球后通常会借用执拍手，以球拍接触球台表面的方式将自己的身体推回到坐姿。因此，覆盖物超出有助于保护球台表面的稍大的边缘是被允许的。

（3）虽然只有符合现行规则和规程的材料被允许使用，但并不能就此断定有许可标志的覆盖物就是合法的。因为原来的海绵层可能被替换成更厚的，胶水也可使海绵层膨胀，因此需要经常测量覆盖物的厚度。覆盖物必须是国际乒联许可的，不得经过任何物理或化学处理以改变球拍的性能，如摩擦力、颜色、外观等，并能顺利通过球拍检测的各项指标。

（4）对于裁判员和裁判长来说，判断覆盖物的光泽度是否可接受是最困难的工作之一。虽然可以使用 EEL 光泽度测量仪，但这种设备在比赛中通常不配备，因此必须找到更适用的方法。作为指导，可以用量网尺以一定角度放在球拍表面，如果字母可以被清楚地分辨出来，则可认为球拍覆盖物亮度超标。不过，裁判员只有在对方运动员提出质疑时才必须检测覆盖物的光泽度。

（5）裁判员必须对照最新的覆盖物批准表检查球拍覆盖物。覆盖物上虽然有

ITTF 标记，但并不能证明其是国际乒联新近批准的覆盖物。国际乒联网站（www.ittf.com）附有最新批准的覆盖物一览表。

（三）球拍黏合剂

（1）覆盖物可用压力感应胶纸或不含有毒溶剂的液体黏合剂粘贴在底板上。主办方应提供通风的粘贴区域，严禁运动员在比赛大厅，包括更衣室、练习区域和观众席使用液体胶水或相关溶剂。国际乒联不再允许使用含有有毒挥发化合物的胶水，任何运动员使用此类胶水，风险自负。国际乒联实施零容忍的球拍检测程序和计划，使用 mini RAE 仪器，确保所有运动员使用的球拍不含挥发性化合物。含有挥发性有机溶剂的黏合剂不得在比赛场馆内使用。

（2）在重要比赛中，会建立一个球拍检测中心，球拍检测中心应按照执行委员会根据器材委员会和裁判员与裁判长委员会的建议所颁布的政策和程序进行球拍检测，确保球拍在包括但不仅限于覆盖物厚度、各层厚度的均匀性与连续性，以及是否含有有害或挥发性物质等方面符合国际乒联规程的规定。

（3）通常，球拍检测应在赛前进行。合格的球拍将被做上标记并放入纸袋交给该场比赛的裁判员放在比赛球台上。未通过赛前检测的球拍将被没收，运动员将不得不使用另一块球拍；如果赛前没有时间检测更换的球拍，将在赛后进行检测。赛后检测应仅当球拍未及时提交进行赛前检测时进行，或针对赛前未能进行的测试、检查项目。

（4）若球拍未通过赛后检测，运动员可能会受到处罚，具体参见国际乒联网站裁判长指南。所有运动员都有权在赛前将球拍送去做自愿检测，自愿检测不会招致任何处罚。球拍检测的详细信息可在国际乒联网站“裁判员和裁判长委员会”主页上找到。

（四）球拍的检查

（1）赛前对运动员的球拍进行检测，通常要检测球拍是否完整、胶皮海绵厚度、球拍平整度、光泽度及是否含有禁用溶剂等。未通过赛前检测的球拍将被暂扣。如有可能，裁判员应在运动员到达球台之前，而不是在开始赛前练习之前对其将要使用的球拍进行检查，以免延误比赛。此类检查，以及随后因为更换损坏的球拍而必须进行的检查，应尽可能地降低影响。但是，任何情况下都必须给运动员机会检查其对手使用的球拍。

（2）假如裁判员认为球拍不合法，应该向该运动员清楚地解释原因。即使是覆盖物厚度超过标准之类的事实，运动员也可能不接受裁决。遇到这种情形必须报告裁判长，裁判长拥有最后的裁决权。同样地，假如对手反对而裁判员认为可用，也必须报告裁判长，由裁判长做出裁决。

（3）比赛中，不允许运动员更换球拍，除非球拍意外损坏不能使用。如果发现运动员未经允许更换未损坏的球拍，裁判员必须立刻中断比赛，并报告裁判长。裁判长可取消该运动员的比赛资格。

（4）两名双打运动员的球拍不能互换。如有更换，裁判员应立即报告裁判长，裁判长需要确认互换球拍是有意还是意外。如果是意外，裁判长须要求运动员换回自己的球拍；如果是有意，裁判长将因更换球拍取消两名运动员的比赛资格。

（5）在局与局的比赛间歇，运动员必须将球拍留在球台上，未经裁判员的批准，不得拿走球拍。无论何种原因，如果运动员在局与局的比赛间歇，经裁判员同意拿走球拍或更换球拍，均必须在下局比赛开始前，允许裁判员和对手有合适的机会来检查球拍。唯一的例外是将球拍绑在手上的残疾人运动员。

（6）如果运动员的球拍在赛前没有接受检测或赛中因意外损坏，赛后检测未通过，应取消运动员该场比赛成绩。如果运动员拒绝提交球拍给裁判员进行赛后检测，裁判员应视为不良行为，并向裁判长报告，裁判长则应该取消该运动员这一场 / 项 / 赛事的资格。

（7）在 4 年内累计 4 次未能通过球拍检测的任意一项，该运动员可以完成这个项目的比赛，但随后执行委员会将暂停该运动员参加国际乒联的赛事 12 个月。国际乒联将以书面形式通知被停赛的运动员。被停赛的运动员可以在收到停赛函的 21 天内向国际乒联仲裁庭提交申诉；但即使提交了申诉，对该运动员的停赛决定仍有效。

▲用量网尺检测球拍的方法

• 胶皮厚度：将球拍的侧面放在眼前，用量网尺的长面紧紧贴合胶皮，用量网尺上 4mm 的刻度测量胶皮和海绵的厚度，厚度不能大于 4mm；有的量网尺上还有 2mm 的刻度，可以用来测量无海绵的颗粒胶，不贴海绵的颗粒胶厚度不能超过 2mm。

• 平整度：检测时，将量网尺平面的一边放在球拍上，举拍齐眉，看尺子与拍面之间有无漏光，有无缝隙。

• 光泽度：找一个角度看一下胶皮的反光程度；胶皮要求是暗色、无光泽的，不能在胶皮上清晰地看到量网尺上的商标。

（五）球拍损坏的处理

（1）比赛开始时符合规则规定的球拍，在比赛中可能被损坏，并可能严重损坏到不符合规则，如覆盖物的整体性或大部分胶皮颗粒的均匀性被损坏。如果运动员要求继续使用已损坏的球拍，而裁判员怀疑其继续使用是否合法时，应立即报告裁判长。

（2）在决定是否允许运动员继续使用损坏的球拍时，裁判长必须首先考虑其对手的利益。

▲例如，尽管要求继续使用的运动员甘愿冒风险用损坏的拍面击出的球反弹可能不规则，这会增加双方击球的难度，然而除非损坏是轻微的，通常最好还是要求运动员更换球拍。

三、练习

（1）比赛前，运动员最多可以练习 2 分钟；结束练习后应立即比赛，即使练习时间不到 2 分钟。

（2）正常间歇不能练习；只有裁判长有权延长规定的练习时间。

（3）在紧急中断比赛时，裁判长可允许运动员在任何球台上练习，包括比赛用的球台。

（4）运动员应有合理的机会检查和熟悉将要使用的器材，但这并不意味着运动员在替换破损的球或球拍后，有权在重新比赛前练习几个回合。

四、间歇

（一）单项比赛应连续进行，但任何一方运动员均有以下权利

（1）在单项比赛的局与局之间，有不超过 1 分钟的间歇；运动员可以坐下，但要在比赛区域 3m 范围内，并处于裁判员的监督下。

（2）单项比赛的每局开始后，每 6 分后或决胜局交换方位时，运动员可利用短暂的时间擦汗。

（二）暂停

一名运动员或一对双打运动员可在一场单项比赛中要求一次暂停，时间不超

过 1 分钟。

（1）在单项比赛中，暂停应由运动员或指定的场外指导者提出；在团体比赛中，应由运动员或队长提出。

（2）如果一名运动员或一对运动员与其指导者或队长对是否暂停有不同意见时，在单项比赛中决定权属于这名或这对运动员，在团体比赛中决定权属于队长。

（3）请求暂停只能在一局比赛的回合之间做出，应用双手做出“T”形手势表示。

回合是指球处于比赛状态的一段时间。球处于比赛状态，是从发球时球被有意向上抛起前静止在不持拍手掌上的最后一瞬间开始，直到该回合被判得分或者重发球。

▲例如，第一局比赛运动员 A 发球，发球擦网，比分仍然是 0∶0，此时可以叫“暂停”。虽然是擦网，但是已经开始了一个回合，所以可以在 0∶0 时请求暂停。

（4）在得到某方合理的暂停请求后，裁判员应暂停比赛，用靠近请求暂停方一侧的手出示白牌；白牌或其他合适的标志物应放置在请求暂停方的台区上，并根据裁判长的要求，将其放置在中线上距离球台端线约 15cm 处（图 3–1）。

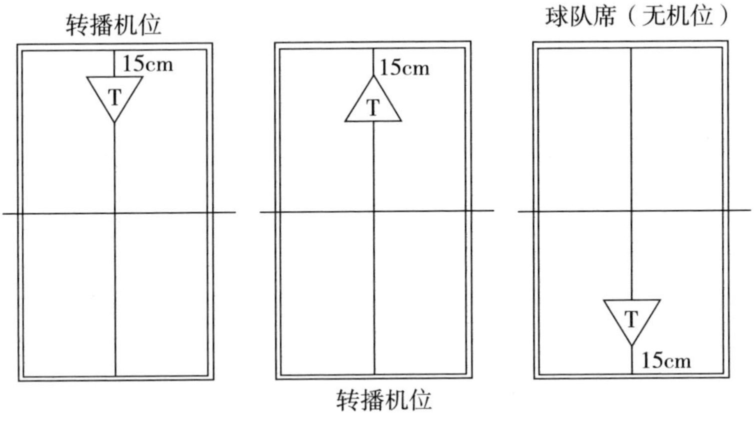

图 3–1　暂停牌摆放示意图

（5）当提出暂停的一方运动员准备恢复比赛或 1 分钟时间到时（以时间短的为限），白牌或标志物应被拿走并且立即恢复比赛。

（6）一名运动员请求暂停后，在恢复比赛之前，另一名运动员也请求暂停，应允许其暂停。如果比赛双方运动员或是他们的代表同时请求暂停，应在双方运动员准备恢复比赛或 1 分钟时间到时（以时间短的为限）继续比赛。在该场单项比赛中，双方运动员都不再有暂停的权利。

（三）注意事项

不允许运动员延长休息时间和间歇时间，如果时间结束，运动员还没有回到球台继续比赛，裁判员应召回运动员。所有的局间休息时间必须限定为 1 分钟，一次局间休息时间没有用完不能移到下一次局间休息，任何一方都可以要求局间休息，不必征得对方运动员的同意。

（四）受伤

（1）比赛中，运动员发生意外或生病不能继续比赛，裁判员应立即报告裁判长。裁判长可允许紧急中断比赛，让运动员接受治疗或休息片刻，只要确信中断比赛不会给对方带来不利，并且运动员能在合理的短时间内恢复比赛。计时员应从报告裁判长的那一刻开始计算中断时间，而不是从裁判长到达比赛区域的那一刻开始计时。

（2）如果运动员因为疾病或身体不适而失去比赛能力的状况早已存在，或在比赛开始时就有理由可以预见，或由于比赛的进行方式引起过度疲劳，则不允许中断比赛。运动员因意外事件暂时丧失比赛能力时，裁判长若认为中断比赛不会给对方带来不利，可允许中断比赛，但时间要尽量短些，任何情况下都不得超过 10 分钟。如果比赛区域内有人受伤流血，应立即中断比赛，直到伤者接受了治疗且比赛区域内所有血迹都已擦干净后再恢复比赛。

（3）运动员一旦获准利用中断时间进行受伤后的恢复，那么通常在该场比赛中不能再要求类似的中断。除非首次中断的时间非常短，再次短暂中断接受治疗不会给对方带来不利，才可允许再次中断比赛，而且一场比赛中总的中断时间不能超过 10 分钟。

（4）如果残疾运动员因残疾或身体条件的原因暂时丧失比赛能力，裁判长在征询医学分级师或赛会医生的意见后，可以允许可行的最短医疗恢复时间，但任何情况下都不得超过 10 分钟。

若运动员提出中断比赛的请求，裁判员应：①立即报告裁判长，同时开表计时；②要求运动员将球拍放在球台上，如果运动员带走球拍，或经裁判长允许到其他场地练习，在恢复比赛后进行目测，并按照要求进行赛后球拍检查；③监督副裁判员停表，暂停计时；④管理比赛场地，禁止无关人员进入比赛场地；⑤裁判长没有同意中断比赛，应立即要求运动员恢复比赛；⑥裁判长同意中断比赛，应及时通知运动员比赛中断持续的时间；⑦比赛中断时限到达时，应立刻通知运动员恢复比赛；如果不能恢复比赛，应由裁判长做出运动员因伤退赛的决定，除非比赛场地有人流血，需等血迹擦干后方可恢复比赛；⑧已达到 10 分钟中断比赛的时限或申请中断比赛的运动员准备恢复比赛（两者中以时间短的为准），裁判员应宣布恢复比赛；⑨监督副裁判员在正确的时间开表计时；⑩保持比赛中断计时时间，如果不足 10 分钟，则还有可能再次使用剩余时间。副裁判员应：①在裁判员报告裁判长时停表；②必要时，协助裁判员报告裁判长；③协助裁判员确保运动员将球拍放置在球台上；④将比赛用球交给裁判员管理；⑤在比赛恢复后运动员发球抛球前球静止的瞬间开表计时。

运动员在恢复比赛后，应保持正常的比赛节奏，不能因为受伤故意放慢比赛节奏，从而打乱对方的比赛节奏。

（五）离开赛区

在单项比赛中，运动员必须留在赛区或赛区附近，除非得到裁判长的许可；在局与局之间和暂停的间歇时间，运动员应在裁判员的监督下留在赛区 3m 范围内的区域。从抵达比赛场馆开始直至离开场馆，运动员应处于裁判长的管辖之下。

（六）延误比赛

（1）除了规定的休息和批准的暂停以外，规程规定一场比赛必须连续进行。如果球飞出场外，显然比赛不能继续，需要一点时间去捡球。保持比赛连续性的目的是防止如重复拍球、发球前长时间停顿、双打比赛时长时间相互讨论等故意拖延比赛时间的行为，对于此类行为，应坚决劝阻。

（2）比赛前，运动员可以练习最多 2 分钟，练习一结束应立即比赛，即使练习时间不到 2 分钟。

（七）擦汗

（1）裁判员有责任保证比赛任何中断时间尽可能短暂，运动员不得利用任何中断时间获得任何额外休息或打乱对方的比赛节奏。在乒乓球比赛中，尤其是在炎热的条件下比赛，运动员经常须中断比赛来擦汗，但是现在规定擦汗只能在比赛的某些阶段进行。

（2）只有在每局比赛开始后每6分或者决胜局交换方位时才允许运动员短暂地擦汗。佩戴眼镜的运动员可能有其不便，尤其是在炎热的环境中，裁判员应允许他们在回合之间利用短暂的时间擦拭眼镜。

（3）对擦汗进行限制，目的在于防止运动员把擦汗作为一种拖延战术来利用，以便获得额外的休息，或者打乱对方的比赛节奏。没有理由不允许运动员在并不延长比赛中断时间的情况下擦汗，如当球飞离赛区去捡回时。但是，必须注意运动员是否为无意识地制造这样的中断。

（八）器材损坏

（1）比赛中断的另一种可能原因是比赛器材损坏。如果比赛中运动员的球拍严重损坏，应立即替换随身带至比赛区域的另外一块球拍，或从比赛区域内递进来的球拍。如果运动员不能立即更换球拍，应报告裁判长。

（2）运动员应有合理的机会检查和熟悉将要使用的器材，但这并不意味着运动员在替换破损的球或球拍后，有权在重新比赛前练习几个回合。

（3）如果更换后的球拍又损坏，裁判员必须报告裁判长，由裁判长决定如何进行第二次更换。

（4）发生灯光损坏或其他可能延误比赛的严重干扰时，应立即报告裁判长，裁判长在可能的情况下，可允许调换到另一张球台上进行比赛。

五、计时

赛前练习、局与局之间的间歇及任何经批准的中断必须计时。一局比赛中，计时器在比赛中断时应停表，并在下个回合开始时重新启动，这些中断包括擦汗、决胜局交换方位、捡回飞出赛区的球；在赛区内捡球时不必暂停计时器。

第五节　纪　律

一、场外指导

（1）在团体比赛中，运动员可以接受有权进入比赛区域内的任何人的指导。

在单项比赛中，一名或一对运动员只能接受一个人的场外指导，且应提前向裁判员指定该指导者，不允许同时有一名翻译。只有在申诉时与裁判长沟通可以带翻译。如果一对双打运动员来自不同协会，则可分别授权一名指导者，但根据有关场外指导的规定，这两位指导者应被视为一体，一位被警告则视为另一位也受到了警告，如果一位被警告后另一位进行了非法指导，那么两位指导者都将被逐出比赛区域。如未被授权的人进行了指导，裁判员应出示红牌令其远离比赛区域。

（2）除了在回合中，运动员可以在任何时间接受指导，只要比赛连续性没有受到影响。虽然没有关于 2 分钟练习结束后到开始比赛前指导的特别规定，但应尽力劝阻运动员在此时接受指导，以免拖延比赛的开始。

（3）如果任何获得授权的人进行了非法指导，裁判员应出示黄牌，警告其如果再犯将被驱逐出比赛区域。在团体比赛中，一人被警告则视为教练员席上的其他人也都被警告。如果有人再进行非法指导，裁判员应出示红牌并将其逐出比赛区域。因非法指导被逐出比赛区域的指导者不能被另一名指导者代替。

（4）在同一场团体赛或单项的同一场比赛中，如指导者已被警告过，任何人再进行非法指导，裁判员都将出示红牌并将其驱逐出比赛区域，不论其是否曾被警告过。

（5）被驱逐的指导者应远离比赛区域，确保不再影响比赛。在单项比赛中，直到比赛结束，其才能返回比赛区域。在团体比赛中，比赛未结束时，被驱逐的指导者不能返回比赛区域，并且其不能被其他指导者代替。如果指导者拒绝离开，或在观众席指导运动员，或提前回到比赛区域，裁判员应中止比赛并报告裁判长。

（6）在比赛中，指导者有时试图通过叫喊来指导运动员。裁判员必须仔细区分是指导还是激励性叫喊。应该记住，指导不一定非用语言不可，而通常可以用手势进行。这种形式的指导，如同用不熟悉的语言指导一样很难察觉，但裁判员必须警惕任何试图影响比赛的违例行为，一经发现，应立即处理。

（7）规程中有关“行为”的条款涵盖了使用罚分系统来控制非法指导，但只有在运动员主动寻求不合法的场外指导时才能使用。因运动员没有主动寻求，可能也不需要的非法指导而判罚运动员是不公平的。在大多数情况下，最好直接处理非法指导者。

（8）副裁判员所处的位置通常可能比裁判员更方便观察到非法指导的发生（表 3–3）。如果发生非法指导，副裁判员应立即让裁判员注意这一行为，必要时可举手喊“停”来暂停比赛，裁判员这时应采取适当的纪律行动。如果双方指导者分别坐在裁判员的左右两边，裁判员要想在比赛的回合之间既准确地宣布比分，又及时地发现双方指导者的指导动作几乎是不可能的，因此，裁判员和副裁判员应分工明确，每名裁判员分别负责一方运动员的指导者。当副裁判员发现其负责的一方指导者有非法指导行为时，应立即让裁判员注意这一行为，以保证比赛公平地进行。

以上规定只限制对比赛的指导，并不限制运动员或队长就裁判员的决定提出正式申诉，或阻止运动员与所属协会的代表或翻译就某项判决的解释进行商议。

表 3–3　常见非法指导行为及判罚

情景	合法指导	非法指导	不良行为（延误时间）
在赛前 2 分钟练习后比赛开始前指导	只要不拖延比赛开始则允许。如果拖延比赛开始，裁判员应催促运动员回到球台；如果运动员拒绝回来，应报告裁判长		
在回合中进行指导		教练员	
在比赛中断或局间进行指导	V		
回合之间进行指导未影响比赛连续性	V		
运动员在捡球时绕到教练员处寻求指导			运动员
在运动员捡球或回到球台时，教练员进行指导，运动员动作缓慢			运动员
X 捡球时，A 到教练员处接受指导；X 回到球台时，A 准备比赛	V		
X 从挡板外捡球时，A 到教练员处接受指导；X 回到比赛区域，A 未及时回到球台			运动员
运动员从挡板外捡球后，没有直接回到球台，而是到教练员处接受指导			运动员
运动员准备发球时（球置于手掌之上）进行指导	V		如教练员干扰对方运动员
发球前进行指导（拍球时）	V		
擦汗时进行指导	V		
运动员发球前看教练员	V		
回合间运动员稍微向教练员一侧移动，接受指导	V		
回合间运动员走到教练员处接受指导			运动员

二、不良行为

（1）运动员和教练员或其他指导者应该克服那些可能不公平地影响对手、冒犯观众或影响本项运动声誉的不良行为，如辱骂性语言、故意损坏比赛用球或将球击出比赛区域、踢球台或挡板和不尊重比赛官员等。

（2）任何时候，运动员和教练员或其他指导者出现严重冒犯行为，裁判员应中断比赛并立即报告裁判长；如果冒犯行为不太严重，第一次裁判员可出示黄牌警告冒犯者，如果再次冒犯将被罚分。

（3）除严重违反规则规定外，运动员在受到警告后，在同一场单项比赛或团体比赛中第二次犯规，裁判员应判对方得 1 分；若再犯，判对方得 2 分，每次罚分应同时出示黄牌和红牌。

（4）在同一场单项比赛或团体比赛中，运动员在被判罚 3 分后继续有不良行为的，裁判员应中断比赛并立即报告裁判长。

（5）在一场单项比赛中，如果运动员更换了没有损坏的球拍，裁判员应中断比赛并向裁判长报告。

（6）双打配对中的任何一名运动员所受到的警告或罚分，应视作是该对双打运动员的，但未受警告的运动员在同一场团体比赛随后的单项比赛中不受影响；双打比赛开始时，配对运动员中的任何一名在同一场团体比赛中已经受到最严重的警告或罚分时，应视作是该对双打运动员的。

（7）在双打比赛中，双打配对（A 和 B）在输掉一局比赛后立即出现不良行为（A 扔球拍，B 骂脏话），裁判员应向 A 出示黄牌，向 B 出示红牌和黄牌。他们的不良行为是同时发生的还是先后发生的无关紧要。对双打配对中任何一名运动员的警告或处罚应视为给该配对的。该场团体赛的下一场单打比赛中，该配对两名运动员均被视为带有一张黄牌。该场双打比赛的下一局以 1∶0 或 0∶1 开始，对手先得 1 分。红牌和黄牌带入下一场比赛，但罚分不带入。

（8）除教练员或运动员出现严重犯规行为外，如果一名教练员或另一名指导者受到警告后，在同一场单项比赛或团体比赛中再次犯规，裁判员应出示红牌并将其驱逐出比赛区域，直到该场团体比赛结束或单项赛中的该场单项比赛结束方可返回。

（9）无论是否得到裁判员的报告，裁判长都有权取消有严重不公平或冒犯行为运动员的一场、一项或一次比赛资格；当他或她采取以上行动时应出示红牌；对于不足以取消比赛资格的一些不太严重的不良行为，裁判长可决定向纪律小组报告此类行为。

（10）如果一名运动员在团体或单项比赛中有两场比赛被取消了资格，即自动取消其参加团体或单项所有比赛的资格。

（11）裁判长有权取消已经被两次驱逐出比赛区域的任何人参与本次赛事中其剩余比赛的资格。

（12）如果一名运动员因任何原因被取消一项比赛或整个赛事的资格，其将自动丧失相关的头衔、奖牌、奖金和排名积分。

（13）对于十分严重的不良行为，应通报冒犯者所属协会。

（14）纪律小组由执委会任命，由 4 名成员和 1 名主席组成。该纪律小组根据执委会的指令，对裁判长在一项比赛结束 14 天内所报告的违纪行为做出适当的处罚决定。

（15）被处罚的运动员、指导者或官员，如对纪律小组的决定有异议，可以在 15 天内向国际乒联执委会提出申诉，执委会所做的决定为最终决定。

三、裁判员的职责

（1）故意的不公正或不良行为在乒乓球比赛中并不普遍，通常只发生在少数运动员和教练员身上，但其影响非常大，并且常常难以控制。因为不良行为形式多样，因而制定确切的规则进行约束是不现实的。制定和实施切实可行的行为标准，与其说是根据事实做出判定，不如说是判断和常识问题。

（2）对于运动员和教练员有任何可能不公平地对待对方运动员，或者冒犯观众，或有损本项运动声誉的行为迹象，裁判员都应迅速做出反应。如果裁判员纵容了最初的哪怕是轻微的不良行为，那么今后对于此类行为再采取相应的纪律行动就会很困难。

（3）但是，裁判员也不要对那些可能不是故意的不当行为反应过激，因为这会导致不满和敌意，从而有损自己的权威。处理这类事件时，裁判员要设法不让情况变得更糟，不要过分注意一般不会觉察到的事件或者不要做出伤害运动员或教练员的表现。

▲例如，对于比赛中大声叫喊的行为，不管是出于高兴还是恼怒，裁判员应对这种不良行为采取行动，不过处理时应该考虑行为发生时的环境。如果场上喧闹声很大，运动员的叫喊声几乎不引人注意，最好不要中断比赛，而应等到该回合结束后再向该运动员提出。

▲例如，运动员或教练员对裁判员不尊重，通常是不同意裁判员的判决。他们采取的行动包括坚持抗议、改变翻分器的比分，甚至恐吓裁判员等。像这

类严重诋毁本项运动精神并有损裁判员权威的不良行为必须严厉抵制。

（4）当发生不良行为时，裁判员必须确定其是否严重到必须中断比赛，并立即报告裁判长。虽然这种选择是可取的，并且在适当时可以采用，但在首次发生时很少需要这样做，大多数情况下应该警告冒犯者。

（5）副裁判员所处的位置通常比裁判员更方便观察到不良行为。如果发现不良行为，副裁判员应立即请裁判员注意，必要时可举手喊“停”来暂停比赛，裁判员这时应采取适当的纪律行动。

四、警告

（1）除非不良行为严重不当或引起反对而必须采取行动，一般一声轻轻的非正式警告语，甚至一个手势，就足以使运动员反省自己的行为，尽可能不要中断比赛，可利用下一次自然间歇的机会，如回合结束时或一局结束时提出。

（2）如果确信对方运动员被不良行为影响或不良行为可能冒犯了观众甚至诋毁了本项运动精神，裁判员应立即中断比赛，并出示黄牌正式警告冒犯者，如果再次冒犯将被判罚分，该回合重发球。

（3）当运动员受到正式警告，黄色标志物将放在翻分器该运动员得分旁。同样地，若运动员被罚分，黄色和红色标志物将同时放置在翻分器该运动员得分旁。裁判员和副裁判员同时使用翻分器时，这些标志物只能放置在副裁判员的翻分器处。这些警告在本场单项比赛的剩余时间内一直有效，在团体赛中还将带到该场团体赛剩余的比赛中，再次冒犯将被判罚分。

（4）应当记住，一旦给予正式警告，随后的冒犯就要被判罚分。只要是正当的正式警告，裁判员就不要害怕使用这个处罚程序，但如果正式警告给得太随意，裁判员可能会发现自己不得不在一场比赛的关键阶段，对运动员的一个在许多人看来并不严重的冒犯行为进行罚分。

五、判罚

（1）如果运动员受到正式警告后在同一场比赛中再次冒犯，裁判员应判对方得 1 分；第 3 次冒犯，判对方得 2 分。每次罚分，裁判员都应同时出示红牌和黄牌。如果在裁判员已进行了上述判罚后，运动员仍有不良行为，裁判员应立即中断比赛，并报告裁判长。

（2）若裁判员实施判罚分，应尽快通知裁判长，但比赛应继续进行，目的是使裁判长能够亲临现场，以便在事态进一步恶化前能及时处理。如果裁判长或副裁判长所在的位置看不见裁判员出示的牌子，则应使用另一种事先约定的信号或派人送口信报告裁判长。

（3）有时候是在一局比赛结束后判罚分，或者判罚2分时对手只需1分就可赢得这局比赛。如果本场比赛还未结束，这些“未用的得分”将带到下一局比赛，即比赛一开始就是0∶1或0∶2，冒犯方的对手领先；但如果这场比赛已经结束，这些得分就不必理会了。在上述情况中，应根据比赛开始时建立的次序，按场上当时的比分来确定发球员。

（4）在团体比赛中，运动员受到警告，或将判罚带到其随后的同一场团体赛的单打比赛中，双打运动员中的任一名运动员在同一场团体赛中已经受到最严重的警告或判罚应被视作对该对双打运动员做出的。因此，如果双打运动员中的任一名运动员在前一场比赛中受到警告，另一名受到1分的判罚，则在双打比赛中任何一人第一次冒犯，将被判罚2分。在双打比赛中受到警告或判罚应被视作对该对运动员做出的，但只有做出不良行为的那名运动员才会将这些警告或判罚带到其随后的同一场团体赛的单打比赛中。

▲例如，在由4场单打和1场双打组成的团体比赛中，A和B为双打配对。在团体比赛中其各自的第一场单打比赛中，A受到警告，B被判罚1分。在双打比赛的第二局中，A故意踩破球，裁判员判A/B失2分。在随后的单打比赛中，A和B各带1分的判罚。

（5）在团体比赛中，有必要记录下运动员受到的警告或判罚，这些判罚将带到该运动员本场团体比赛随后的单打比赛中。在单项比赛中这样做也是可取的，可以帮助裁判长考虑该运动员持续的不良行为是否很严重，如是否要取消该运动员的比赛资格。警告或判罚可以很方便地记录在记分单上，注明是谁被警告或被判罚，以及发生在比赛的哪个阶段，并附上对不良行为的简短描述。同理，对警告的记录也适用于教练员。

（6）对教练员的不良行为进行罚分是不切实际的，而且因教练员的不良行为而对该方运动员进行罚分也是不公平的，会引起运动员的抗议。教练员在受到正式警告后，如果在同一场单项比赛或团体比赛中再次冒犯，裁判员应出示红牌并将其驱逐出比赛区域，直到该场团体赛或单项比赛结束才允许其返回。采取这样的行动时应报告裁判长。

六、裁判长的职责

（1）裁判长可根据运动员不良行为的严重程度，取消该运动员在一场、一项或整个赛事中的比赛资格。裁判长应自行判断，通常情况下，如果运动员在被判罚 2 分后继续冒犯，裁判长将出示红牌并取消其比赛资格。对于某些非常严重的事例，裁判长也可写报告提交给该运动员的所属协会。

（2）裁判长通常从裁判员那里了解到运动员的不良行为，但有时也能亲自观察到，并在裁判员报告之前进行处理。同时，也可以预测可能出现的问题，如通过观看部分因不良行为曾被警告或被判罚的运动员参加的比赛，以确保这种不良行为不会继续。

（3）即使没有先前的事例，当比赛中有一名或更多的运动员出现了不良行为，通常可以明显地从观众的反应中觉察到。通过观看比赛，裁判长可能会发现裁判员无法继续控制比赛局面的情况，这时裁判长应该主动进行处理，或者告诉裁判员该怎样处理，或者直接处理冒犯者。

七、赛后的庆祝行为和严重不良行为

（1）对于赢得一次赛事的最后一场比赛后，运动员脱掉运动衫来庆祝等行为，要看比赛所在的地区（如阿拉伯国家等），裁判长应注意观众的反应。如有必要，应干涉并告诉运动员立即停止这种行为，但不记录为不良行为。

（2）对于获胜后，运动员跳上球台的行为，如果这是唯一一场比赛或者一次赛事的最后一场比赛，这种行为可以被视为激动情绪的正常发泄，并不会影响其他任何正在进行的比赛。如果这不是最后一场比赛，或者其他比赛仍正在进行，裁判员应制止这种行为，必要时应出示黄牌处罚该不良行为。

（3）若输掉比赛后，球员侮辱裁判员或裁判长、毁坏比赛器材或有其他严重不良行为。对于这种情况（比赛已结束），裁判员无须出示红牌取消该名运动员比赛资格，但需要在裁判报告中记录该事件。

八、粘贴

（1）覆盖物可用压力感应胶纸或不含有毒溶剂的液体黏合剂粘贴在底板上。从国际乒联秘书处可得到将球拍覆盖物黏合在球拍上的经许可的黏合剂清单。

（2）在世界级、奥林匹克比赛和主要的巡回赛中，将对胶水进行检测，若运动员的球拍被检测出含有违禁胶水，该运动员将被取消本次比赛的参赛资格，并报告其所属协会。

（3）应提供一处通风良好的地方用于粘贴球拍覆盖物，比赛场馆的任何其他位置不得使用液体黏合剂。比赛场馆是指建筑物中用于乒乓球及其相关活动、设施和公共场所的区域。

第六节　团体比赛

一、团体比赛的形式

（一）五场三胜制（新斯韦思林杯赛制，5 场单打）

一个队由 3 名运动员组成，比赛顺序是：① A—X；② B—Y；③ C—Z；④ A—Y；⑤ B—X。

（二）五场三胜制（考比伦杯赛制，4 场单打和 1 场双打）

一个队由 2~4 名运动员组成，比赛顺序是：① A—X；② B—Y；③双打；④ A—Y；⑤ B—X。

（三）五场三胜制（奥林匹克赛制，4 场单打和 1 场双打）

一个队由 3 名运动员组成，每名运动员最多参加 2 场单项比赛，比赛顺序是：①双打 B/C—Y/Z；② A—X；③ C—Z；④ A—Y；⑤ B—X。

（四）七场四胜制（6 场单打和 1 场双打）

一个队由 3~5 名运动员组成，比赛顺序是：① A—Y；② B—X；③ C—Z；④双打；⑤ A—X；⑥ C—Y；⑦ B—Z。

（五）九场五胜制（9 场单打）

一个队由 3 名运动员组成。比赛顺序是：① A—X；② B—Y；③ C—Z；④ B—X；⑤ A—Z；⑥ C—Y；⑦ B—Z；⑧ C—X；⑨ A—Y。

二、团体比赛程序

（1）所有出场运动员均应从团体赛报名名单中挑选。

（2）在团体比赛中，参赛队队长的姓名应提前向裁判员确认，无论其是否上场比赛。

（3）团体比赛前由抽签的中签者优先选择 A、B、C 或 X、Y、Z。由队长向裁判长或其代理人提交该队名单。

（4）双打比赛的配对名单可在前一场单打比赛结束时提交。

（5）当一个队赢得多数单（双）打场次时，为一场团体比赛结束。

▲ 团体比赛出场次序错误的处理探讨

若团体比赛运动员的出场次序错误，但规则里没有涉及此类问题，裁判长必须根据具体的情况做出决定。建议裁判长在采取行动时遵循以下处理原则。

- 裁判长的处理不应对出场次序正确的一方不利，而应针对出场次序错误的一方。
- 任何有效场次（即赛制所包含的场次），如果次序错误的运动员获胜，则比赛结果无效；如果次序正确的运动员获胜，则暂不处理。
- 任何无效场次（即赛制并未包含的场次）判次序正确的一方获胜，本应进行的场次随之取消。然后，从第一场应该进行但没有进行的比赛开始，按次序继续比赛，已经进行的有效场次则不再进行。
- 如果在比赛过程中发现错误，有两种选择：完成比赛，然后根据原则处理；立即停止比赛，根据原则处理。根本的原则是不应对次序正确的运动员不利。为避免争论，应由次序正确一方的队长决定是停止还是完成该场次比赛。
- 在基层或不太重要的比赛中，这些处理原则可以进行调整或“宽松些”，为防止类似错误的发生，一个首要原则是裁判员和助理裁判员应仔细检查记分单上的出场次序，以此避免出场次序错误问题。从程序上，裁判员应持有一份团体抽签表，以查验出场次序是否正确，就双方队长提出的疑问予以答复。记分单上出现运动员次序错误的情况也很多，通常是双方队伍被对调，或者是电脑打印记分单时挑选了错误的运动员。

第七节　裁判员临场操作程序

任何在观众和媒体视线内的区域都被视作比赛区域，裁判员和裁判长在到达比赛区域的那一刻起，应遵循如表 3–4 所示的临场准则和程序。每位裁判员在赛场上的所有行为和表现必须统一，不仅包括一场比赛的执法，还包括进出场、赛前和赛后职责的履行，以及与赛区内运动员、观众和赛场内其他裁判人员的相互合作。

表 3–4　乒乓球裁判员临场工作流程

赛前阶段	
报到	裁判员必须按裁判长要求的比赛时间到达场馆指定地点，并做好执裁的准备工作
赛前交流	开始比赛前，裁判员与副裁判员应就比赛中所有可能出现的和比赛有关的任何问题进行交流，以便彼此之间能够相互了解、研究对策、明确分工，做好充分的心理和思想准备
抽签 填写记分单	1. 到检录区领取比赛表格，将拿到的记分单、队名牌与秩序册进行核对，确保无误； 2. 组织赛前抽签。团体赛用掷挑边器的方式决定出主队与客队。由双方教练员（队长）填写排名表，收回排名表后检查是否签名，同时给双方队长过目；组织挑选运动员席，做好相关记录，填好记分单； 3. 到裁判长规定时间仍未抵达检录区的运动队，视为放弃所有的挑选权利，由按时到达的运动队先选
挑球	比赛前应在指定的区域挑选好比赛用球和备用球
检查服装	1. 运动队应向裁判员展示他们的比赛服装和人名簿； 2. 团体赛同队运动员服装应一致，对阵双方衬衫主体颜色应明显不同；如果双方衬衫颜色相似而不愿意更换，则由裁判员抽签决定，不中签者更换（挑选时要和球员说明方法）； 3. 若服装颜色有问题，应该赛前（检录处）解决；对于没有在检录区向裁判员展示衬衫颜色的运动队，当发现颜色冲突时应立即更换； 4. 服装主体颜色将记入记分单； 5. 如果运动员有异议，裁判员应向检录区的裁判长报告
球拍检测	1. 运动员应在比赛前规定时间将球拍交到检录区； 2. 裁判员应在检录区完成球拍的检查：厚度、覆盖物列表、平整度、覆盖物边缘；

续表

赛前阶段		
球拍检测	3. 裁判员在记分单上记录赛前是否检测； 4. 将已检测的球拍装入信封并在检录区保存，由该场比赛临场裁判员按赛会约定的方式将球拍带入场地； 5. 裁判员在比赛区域不再检查球拍。如果球拍在赛前未经检查，或比赛中球拍损坏更换球拍，裁判员要查看该球拍是否有不规则之处，如胶皮破裂等； 6. 球拍检测通知单：在各队未交对阵表前，检测通知单不泄露。在各队填完对阵表后，通知双方运动员，提交球拍进行球拍检测。裁判员将球拍送到检测中心。赛前未提交的球拍将接受赛后检测，由球拍检测中心的裁判完成（不在检录区检测）；赛后裁判员及时收回交检测中心； 7. 当裁判员接到通知某球拍将进行赛后检测时，裁判员要先在球台查看该球拍的不规则之处（胶皮是否破裂等）； 8. 如果对球拍的合法性有任何疑问应报告值班裁判长	
入场前的场地检查	1. 比赛区域必须整洁，清除与比赛无关的一切杂物； 2. 调整裁判椅到合适的高度； 3. 检查记分牌、球台和球网，挂好队名牌和局分牌，并把赛区入口打开； 4. 入场前应检查比赛必需的器材是否备齐，如比赛用球、暂停装置、红黄白牌、挑边器、量网尺、笔、秒表、记分板等	
入场	按规定时间在指定地点集合整队入场，站位方式根据比赛裁判长要求执行： 1. 根据比赛裁判长要求执行入场。每节第一场由裁判员带领运动员统一入场，可能会有适当的引导音乐，并介绍出场的运动员和裁判员；形式为主裁＋双方运动员（团体赛仅为双方上场的运动员）＋副裁，提前将球拍放进场地； 2. 对于其他场次的比赛，若场上还有比赛正在进行，则不统一入场，裁判员将运动员整队带入赛区运动员座位处，裁判员入场，各自到自己的位置。如上一轮比赛已全部结束，则统一入场，入场方式和每节第一场比赛相同； 3. 裁判员进入比赛区域要精神饱满，勿跨越挡板。不要在球台挑球，夹板、装球拍的袋子（杂物）等不要放到球台上，不要趴在球台上写字。入场、退场时，裁判员左手拿东西，左手不要摆动。板夹有记分单的一面朝里	
赛中阶段		
操作	主裁判	副裁判
裁判仪表和仪态	1. 坐姿：两腿自然分开，与肩同宽；女性着裙时必须两腿合拢，两手平放于腿或扶手上，切忌随意倚靠座椅后背，身体微微前倾，注意力高度集中； 2. 站姿：身体直立而站，严肃、庄重； 3. 处理问题时应严肃认真、情绪稳定； 4. 正确佩戴裁判徽章	

续表

操作	主裁判	副裁判
抵达赛场	1. 将运动员球拍放置在靠近运动员座席一侧的球台上，将袋子放到座椅上； 2. 与运动员问候并核对运动员名单（不主动与运动员握手，裁判员间不握手）； 3. 用挑边器进行抽签，决定发球 / 接发球和方位。双方运动员选择好后，退后一步掷挑边器。应用手抓接住挑边器，避免掉落在地板上； 4. 检查运动员席； 5. 检查毛巾是否放在指定的位置，不允许挂在挡板上； 6. 赛前运动员有不超过 2 分钟的练习时间，主裁判将球抛给发球员，宣布“练习两分钟”（不做手势）； 7. 运动员练习时，裁判员坐在裁判椅上 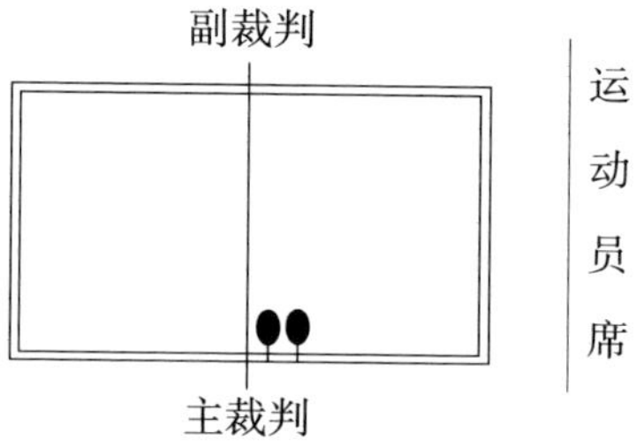 	1. 确保网高和张度合乎规定，台面和地面清洁； 2. 将比分显示器的局分显示的 0∶0，比分显示为空白； 3. 整理好挡板，将袋子从主裁椅子上收回； 4. 落座副裁判员位置，根据裁判员的宣告开表计练习时间
宣告	1. 听到副裁判员宣布“时间到”，注意到接发球员准备好后，将球抛给发球员，宣布比赛开始； 2. 裁判员宣告：如“北京对上海”“× × 对 × ×，第一局比赛”，指向发球员并报：“× × 发球，0 比 0”； 3. 一局结束：如“11 比 8，第一局 × × 或北京队胜”，并指向胜方； 4. 一场比赛结束：如“11 比 9，第三局 × × 或北京队胜”，并指向胜方，裁判员应报完比分，指向获胜方，“× ×3 比 0 获胜，北京队 1 比 0 领先”	1. 举手宣告：“时间到”； 2. 裁判员报 0 比 0 后，将翻分器翻成 0∶0； 3. 在运动员发球抛球前静止的瞬间，开表计时
术语手势	应用统一规范的临场裁判术语和手势	
报分	1. 当回合结束球脱离比赛状态或在情况允许时，裁判员应立即报分，并做出相应手势； 2. 裁判员应首先报下一回合即将发球一方的得分，然后报对方的得分； 3. 报分声音应清晰、洪亮，语调不应有倾向性	配合裁判员的报分及时显示比分

续表

操作	主裁判	副裁判
计 时	负责计暂停和中断的时间	负责计比赛时间和局与局之间的休息时间。下列间歇应停表，不计入比赛时间： 1. 每6分后运动员擦汗； 2. 外界干扰而暂停比赛； 3. 球飞出赛区至捡回时； 4. 运动员或教练员要求暂停被批准后； 5. 决胜局交换方位； 6. 裁判员中断比赛
发 球	1. 注意发球秩序错误、发球犯规、发球擦网及双打时发球错区； 2. 若对一方运动员发球合法性有怀疑，一场比赛中第一次出现时，判重发球，并警告发球员，再次怀疑时即可判对方得 1 分； 3. 一方运动员发球不合法直接判分； 4. 发球擦网，裁判员高举手臂喊“重发”，报比分； 5. 当副裁判发现犯规时宣判对方得 1 分	1. 注意发球的合法性； 2. 发球擦网，应高举手臂（不做回答）
保证比赛连续性	1. 只能允许运动员在局与局之间有不超过 1 分钟的休息时间，在每 6 分后或决胜局交换方位时用短暂的时间擦汗，允许运动员在回合之间用短暂的时间擦拭确有汗水的眼镜或在不延长比赛空隙时间的情况下“顺便”擦汗（如球飞离赛区去捡回时），但不允许运动员故意制造这种间隙； 2. 用示意发球的手势或“继续比赛”的术语坚决制止捡球时故意慢行、发球前不断重复拍球、长时间停顿或双打同伴间长时间商讨和非规定间歇擦汗等延误比赛的行为； 3. 运动员意外受伤而暂时丧失比赛能力时，暂停比赛并立即报告裁判长，立即计时（不超过 10 分钟），并监督伤者的现场紧急处理； 4. 赛区内有人受伤流血时，恢复比赛时应已清理干净赛区内的血迹	1. 局与局之间 1 分钟休息时间到时，及时举手并喊“时间到”； 2. 可协助裁判员用手势制止运动员延误比赛的行为； 3. 在运动员意外受伤比赛中断时停表，并配合裁判员监督对伤者的紧急处理，运动员被准予离开赛区时陪同监督

续表

操作	主裁判	副裁判
台面移动	回合中运动员使比赛台面移动应及时举手宣判“移动台面”，报分后暂停比赛，必要时离开裁判椅协助副裁判恢复比赛台面	在裁判员举手宣判“移动台面”时及时停表，翻分后即离位恢复比赛台面及球网的标准高度和张度
擦边球	球触及球台的上边缘为合法的擦边球，若触及台面上边缘以下部分则为出界	与裁判员默契配合
暂停	1. 可允许每一方在一场比赛中有一次不超过1分钟的暂停。暂停请求应由运动员或其指导者或团体赛中的队长在球处于非比赛状态时用双手做出“T”形手势表示。如果运动员与其指导者或队长对是否暂停有异议时，单项比赛中由运动员决定，团体赛中由队长决定。接受暂停请求时应暂停比赛并出示白牌指向要求暂停方，随即启动秒表计暂停时间，然后在记分表上做暂停记录。当请求暂停方准备继续比赛或1分钟暂停时间结束时（两种情况以时间短的为准）恢复比赛； 2. 运动员在比赛间歇应将球拍留在比赛球台上	1. 在裁判员出示白牌宣布“暂停”时停表，然后将暂停大标志摆放在请求暂停方的台区中央靠近端线一个量网尺处；站立在记录台暂停一方侧； 2. 暂停结束后即将该标志收回，将暂停小标志放在比分显示器请求暂停方的得分旁边，直至该场比赛结束； 3. 在运动员发球抛球前静止的瞬间开表计时
意外干扰	发现比赛环境受到意外干扰以致该回合结果可能受到影响时，应及时举手喊“停”，待干扰消除后即恢复比赛。如意外干扰出现时正处于一方有可能得分之际，而该干扰暂未影响到运动员的比赛，则应等待该得分的可能是否当即实现；若未当即实现而回合还将继续，此时则应暂停比赛，待干扰消除后再恢复比赛	1. 发现比赛环境受到意外干扰以致该回合结果可能受到影响时，可及时举手喊“停”，及时停表； 2. 在运动员发球抛球前静止的瞬间，开表计时
换球	比赛中球破损或飞失后，应由运动员赛前选定的另一个球代替，若无赛前选定的球，则从一盒赛会指定球中任意抽取一个代替，并允许运动员练习几个回合	
双打比赛	1. 双打时，应注意第一发球员和第一接发球员，若发现次序错误，应立即暂停比赛，纠正次序后恢复比赛； 2. 决胜局中，当一方先得5分时，接发球方应交换接发球次序	1. 注意发球、接发球次序，必要时暗示裁判员； 2. 决胜局交换方位时，应及时地停止计时、调整比分显示装置和开始计时

续表

操作	主裁判	副裁判
场外指导管理	只要没有拖延比赛，运动员可以在除比赛回合中的任何时间接受场外指导。 非法指导：第一次黄牌警告；第二次红牌罚出比赛区域	
轮换发球	1. 一局比赛中任何时候应双方运动员要求，或一局比赛进行到 10 分钟还未结束，而此时双方比分未达 18 分，且副裁判员举手宣告了“时间到”，即可宣布：“本场比赛的剩余部分实行轮换发球法。”此时应举手示意裁判长实行轮换发球法，指派计数员； 2. 如果时限到时球处于比赛状态，则该回合为重发球；如果时限到时球处于非比赛状态，则该回合应换发球（由前一回合的接发球员先发球）； 3. 此后，每个运动员轮发 1 分球，直至该局比赛结束。下一局比赛仍按本场比赛开始时确定的次序和每局交替轮换的原则确定先发球方，然后每个运动员轮发 1 分球……，直至该场比赛结束。 回合中，计数员报出“13”后，若裁定接发球方第 13 次击球是合法还击，立即喊“停”，判接发球方得 1 分；如果第 13 次击球未构成合法还击，则直接判发球方得分	1. 一局比赛进行到 10 分钟时停表，若此时双方比分尚未达到 18 分（8 : 10 或 9 : 9），即举手宣告“时间到！” 2. 当裁判员宣布实行轮换发球法后兼任计数员（或由裁判长指派计数员），计数时身体稍转向接发球一方，从接发球的一击开始，每当接发球员球拍触球时大声计数，从 1 数到 13，不要等接发球方击出的球有落点后再报数
不良行为管理	1. 及时制止运动员和教练员或其他指导者那些可能不公平地影响对手、冒犯观众或影响本项运动声誉的不良行为。发现运动员不良行为时，对于轻微初犯，可在回合之间用手势或简语提醒和劝阻；此后再犯或首次出现严重的不良行为，可暂停比赛，出示黄牌予以警告； 2. 若警告后再犯，同时出示红牌和黄牌，判罚给对方得 1 分；若判罚 1 分后再犯，同时出示红牌和黄牌，判罚给对方得 2 分；若判罚 3 分后再犯或任何时候出现严重的不良行为，应中断比赛，立即报告裁判长； 3. 对于教练员或其他指导者的不良行为，可按处理非法指导的程序进行警告和驱逐，直至报告裁判长	配合裁判员及时制止运动员和教练员或其他指导者的不良行为。对于轻微初犯可在回合之间用手势或简语提醒和劝阻；此后再犯或有影响的不良行为，可示意裁判员注意。当裁判员警告运动员后，在比分显示器该方的比分旁放置黄牌。根据裁判员的判罚，及时地正确显示比分，并在该方比分旁已放的黄牌旁加放红牌
赛后阶段		
1. 按照裁判员会议上的要求在记分单上填写比赛结果；填写获胜运动员姓名； 2. 请运动员签名，请裁判员签名；		

续表

赛后阶段
3. 翻分器归为无任何显示状态。确保比赛区域恢复整洁；按照要求退场；副裁判员督促提醒运动员比赛结束后退场，并可要求将饮料瓶及杂物带出场地； 4. 回收需要赛后检测的球拍并交到球拍检测中心；尽快将记分单送到裁判长席，归还名牌和比赛器材； 5. 裁判员结束执裁任务后不应该在赛场内逗留或闲逛，如果希望观看其他正在进行的比赛，应该退出赛区到为比赛官员和观众开放的观看区域去
注意事项
1. 不管任何理由，凡出现在比赛区域的裁判员、裁判长、评估师，必须穿着指定服装或制服，时刻警觉周围环境，留意由于他们的出现及交谈给比赛的进行和视觉所带来的影响； 2. 裁判应避免在赛前、赛中或赛后和运动员闲聊。裁判员应回答运动员的疑问，或解释判分的依据，但绝不允许挑起与比赛无关的话题； 3. 当比赛官员身穿统一制服时，应注意他们所代表的协会，更重要的是他们的行为将会给所有官员带来影响。在国际赛事中，所有来访裁判员都是主办方的客人，无论赛场内外，他们都应当尊重当地的传统和风俗习惯； 4. 在任何情况下，裁判员都不能因自己或其他竞赛官员的行为与观众或媒体工作人员直接发生关联。遇到类似的情况应直接报告裁判长或竞赛主任

第八节　乒乓球裁判手势及比赛用表

一、裁判手势

术语和手势是裁判员在执行规则时使用的技术用语和动作。比赛中，裁判员用术语和手势向运动员和观众表明判分的原因，使他们及时了解比赛的进行情况。特别是在国际比赛中，由于语言不通，或因比赛场内球台多、人声嘈杂，因而更需要采用术语和手势进行表达。术语和手势要精练、明确、果断，动作要大方。对于明显的现象可以不用术语和手势，直接报分即可。

目前，乒乓球裁判员使用手势有以下 4 种。

1. 一般手势

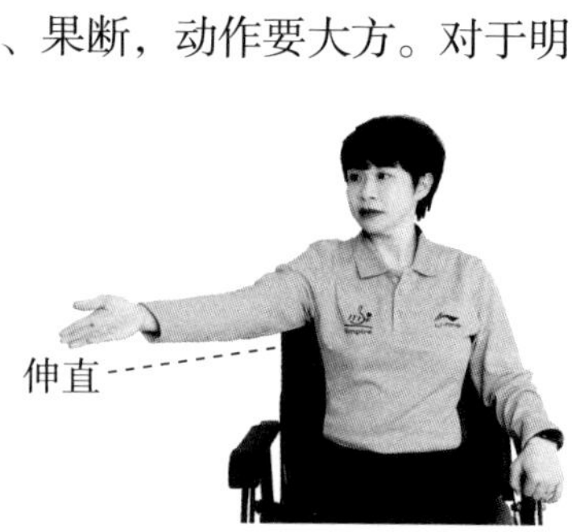

图 3-2　新的发球运动员

（1）在一局比赛开始发球时以及比赛过程中交换发球权时，裁判的手势应指向下一个即将发球者，也可以在报完比分后，报出下一个即将发球者的名字（图 3-2）。

（2）当回合结束球脱离比赛状态，或在情况允许时，裁判员应立即报分。除报分外，裁判员还可以用手势表示其判决。当判得分时，裁判员应将靠近得分方的手臂举起，保持上臂水平，前臂垂直，手握拳向上（图 3-3）。

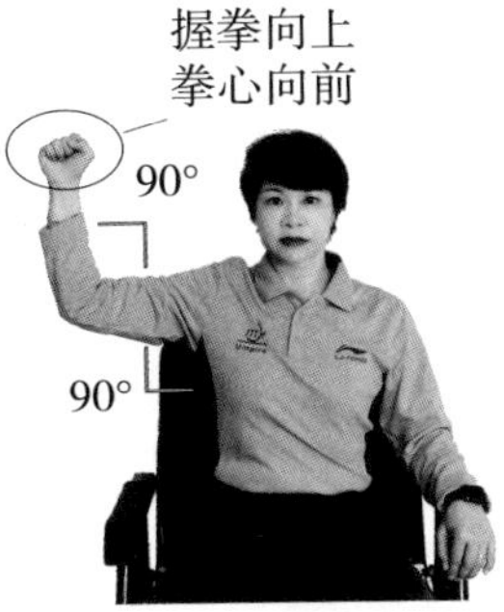

图 3-3　得分

图 3-4　该回合结束

（3）当出于某种原因，回合应被判为重发球时，裁判员可以将手高举过头，表示该回合结束（图 3-4）。

2. **发球违例的手势**

（1）发球开始时，球自然地置于不执拍手的手掌上，手掌张开，保持静止（图 3-5）。

图 3-5　球未自然地置于不执拍手的手掌上违例

（2）随后，发球员须将球几乎垂直地向上抛起，不得使球旋转，并使球在离开不执拍手手掌之后上升不少于 16 cm，球下降到被击出前不能碰到任何物体（图 3-6）。

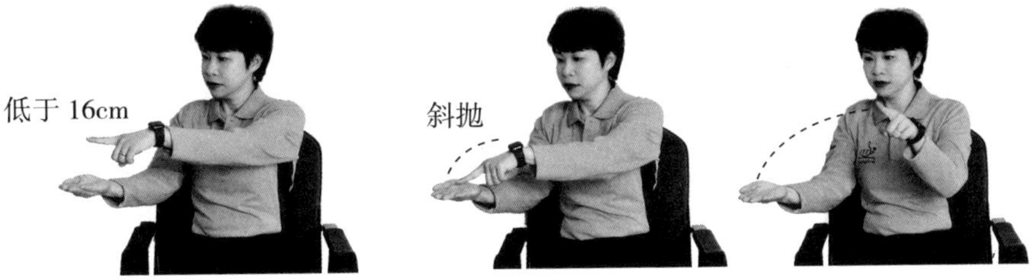

图 3-6　抛球违例 1-2-3

（3）从发球开始，到球被击出，球要始终在比赛台面的水平面以上和发球员的端线以外（图 3–7）。

图 3–7　抛球违例 4–5

（4）球一旦被抛起，发球员的不执拍手及其手臂应立即从球和球网之间的空间移开。球和球网之间的空间由球和球网及其向上的无限延伸来界定（图 3–8）。

图 3–8　发球遮挡违例

3. 暂停

图 3–9　暂停

请求暂停，只能在一局比赛的回合之间做出，应用双手做出“T”字形手势。在得到某方合理的暂停请求后，裁判员应暂停比赛，用靠近请求暂停方一侧的手出示白牌（图 3–9）。

4. 不良行为和纪律规定

（1）只要没有拖延比赛，运动员可以在除比赛回合中的任何时间接受场外指导。如被授权的指导者进行非法指导，裁判员将出示黄牌进行警告；如果再次违反，其将被驱逐出比赛区域。

（2）任何时候，运动员和教练员或其他指导者出现严重的不良行为，裁判员应该中断比赛，并立即报告裁判长。如果不良行为不太严重，第一次冒犯时，裁判员可出示黄牌警告冒犯者；如果再次冒犯，将被判罚（图 3–10）。

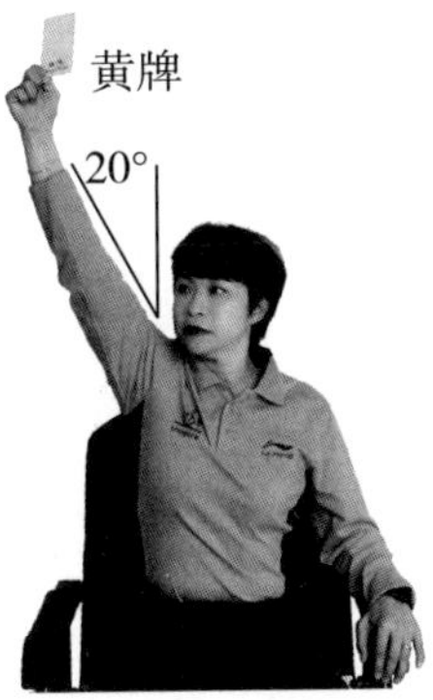

图 3–10　黄牌警告

（3）运动员受到警告后，在同一场单项比赛或团体比赛中，第二次冒犯，裁判员应判对方得 1 分；若再犯，判对方得 2 分。每次判罚应同时出示黄牌和红牌（图 3–11）。

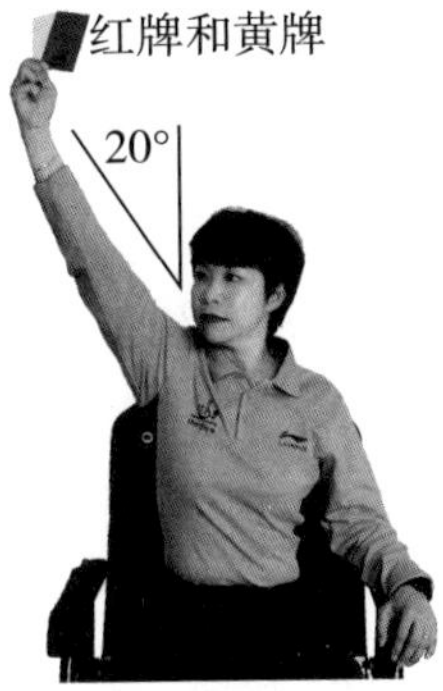

图 3–11　红牌和黄牌警告

（4）在一个团体比赛或单项比赛中的一场比赛中，若指导者已被警告过，任何人再进行非法指导，裁判员将出示红牌，并将其驱逐出比赛区域（图 3–12）。在团体比赛中，被驱逐的指导者不允许在团体比赛结束前返回，除非需要其上场比赛，并且不能由其他指导者代替；在单项比赛中，不允许其在该场单项比赛结束前返回。

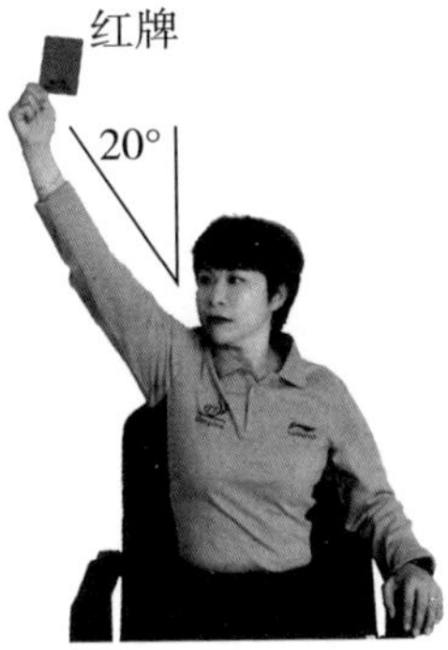

图 3–12　红牌警告

无论是否得到裁判员的报告，裁判长有权取消有严重不公平或不良行为运动员的比赛资格，包括取消一场比赛、一项比赛或整个赛事的比赛资格。当裁判长采取行动时，应出示红牌。

二、乒乓球竞赛用表

单项比赛记分单如图 3–13 所示，团体赛记分单如图 3–14 所示。

单项比赛记分单

场次号	组别项目	阶段	组号	轮次	日期	时间	台号	开始时间	结束时间

发球	暂停	VS			暂停	方位
□发 □接	□	比分	局次	比分	□	□左 □右
服装			1		服装	
指导者			2		指导者	
			3			
行为记录			4		行为记录	
			5			
			比赛结果			
		□	获胜运动员	□		

运动员1→		获胜方签名		←运动员2

裁判员签名：		裁判长签名：	

竞赛地点：

图 3-13　单项比赛记分单

团体赛记分单

VS

场次号	组别项目	阶段	组号	轮次	日期	时间	台号	开始时间	结束时间

ABC			成绩记录									XYZ
			局分	比分					局分			
场序	运动员	记录		1	2	3	4	5		记录	运动员	场序
1				:	:	:	:	:				1
2				:	:	:	:	:				2
3				:	:	:	:	:				3
4				:	:	:	:	:				4
5				:	:	:	:	:				5
队长/教练					比赛结果							队长/教练
				←	获胜运动队			→				

ABC→		获胜方签名		←XYZ

裁判员签名：		裁判长签名：	

竞赛地点：

ABC		团体排名表	
XYZ			
次序	运动员姓名	备注	
队长签名		服装颜色	

ABC		团体排名表	
XYZ			
次序	运动员姓名	备注	
队长签名		服装颜色	

图 3-14　团体赛记分单

三、关于运动员弃权等情况记录方法

1. 弃权（未出场比赛）（图 3–15）

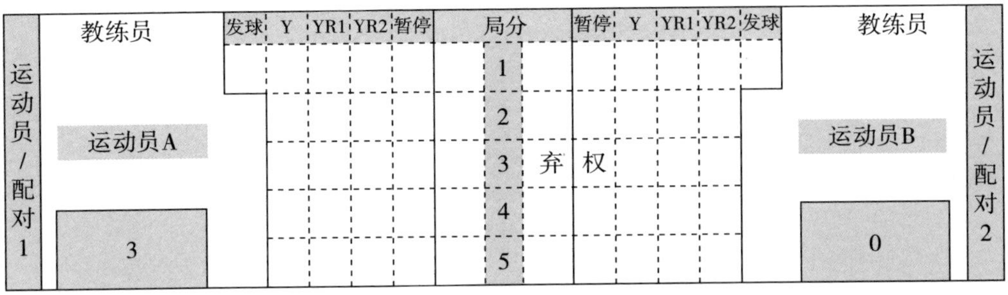

图 3–15 弃权

2. 被取消资格（图 3–16）

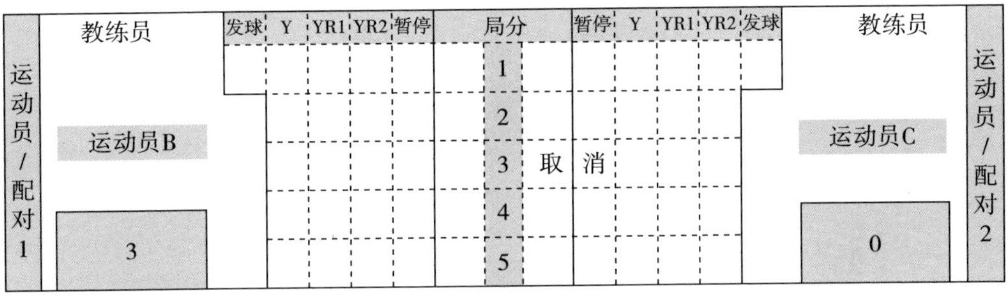

图 3–16 被取消资格

3. 双方均弃权（未出场比赛）（图 3–17）

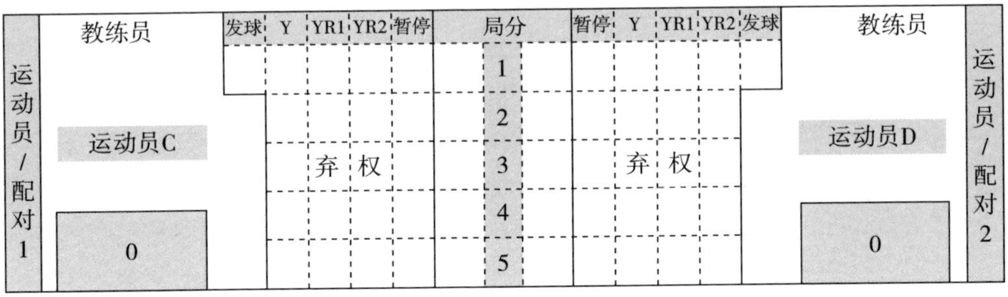

图 3–17 双方均弃权

4. 受伤中途退赛（弃权放在决胜局靠近比分处）（图 3–18）

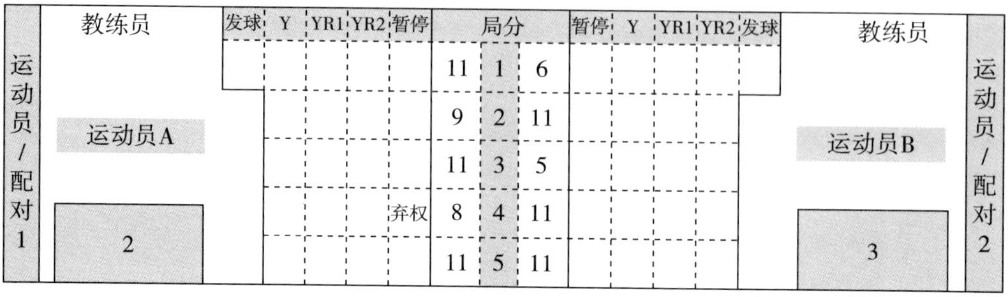

图 3–18　受伤中途退赛

5. 成绩公告填写（图 3–19、图 3–20）

		1	2	3	4	积分	计算	名次
1	运动员A		3：0 弃权		2：3 弃权			
2	运动员B	0：3 弃权		3：0 取消				
3	运动员C		0：3 取消		0：0 双弃			
4	运动员D	3：2 弃权		0：0 双弃				

图 3–19　循环赛成绩公告

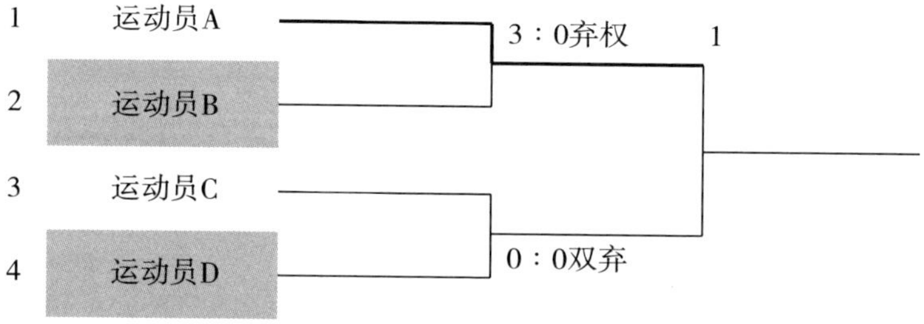

图 3–20　淘汰赛成绩公告

运动员未能完成比赛有 3 种情况：未出场比赛为 Walkover（缩写为 W/O）；出场但未能完成比赛为 Retire（缩写为 RET）；被取消比赛资格为 Disqualified（缩

写为 DSQ）。

对于前两种情况，记录时应注明“弃权”“受伤中途退赛”（RET 放在弃权局靠近比分处）；对于第三种情况，记录时应注明“取消”，并根据要求额外说明具体的情况。

第九节　球拍检测工作流程

一、球拍检测中心工作设备

球拍检测仪器包括用于检测胶皮海绵平整度的电子平度仪；用于检测胶皮海绵厚度的电子厚度仪；用于检测挥发性有机物含量是否超标的挥发性有机物浓度检测仪；用于电子平度仪、电子厚度仪校正的基准台；球拍检测通知单、球拍覆盖物授权列表（LARC）、球拍检测登记表格。

检测用具包括秒表、笔、便签、电脑、文件袋、剪刀、纸、接线板等。

二、球拍检测中心检测项目

球拍检测中心的检测项目包括球拍覆盖物胶皮型号（LARC），国际乒联最新球拍覆盖物列表，球拍表面的平整度（Flatness），胶皮海绵厚度及粘合剂的厚度（Thickness），挥发性有机物（VOC）浓度。

三、球拍检测中心球拍检测标准

（1）根据国际乒联最新 LARC 表检查胶皮型号。

（2）检查胶皮海绵平整度：–0.5~0.2mm。

（3）检查海绵胶连同粘合剂厚度：≤ 4mm（普通颗粒胶连同黏合剂厚度≤ 2mm）。

（4）检查挥发性有机物（VOC）：挥发物浓度≤ 3ppm。

四、操作流程

（一）随机抽样，准备阶段

（1）随机抽取检测对象，填写球拍检测通知单。

（2）按时给各台发放检测通知单。

（3）等待裁判员送检球拍。

（4）收到送检球拍后（注：附带检测通知单），核对信息。

（二）初步检测，填写登记表

（1）检查球拍外观的整体完好度。覆盖物不得超出或缩进底板边缘 2mm；覆盖物在球拍边缘处缺损不得超过 2mm、裂缝长度不得超过 1cm；球拍除边缘和执握部分以外的部位不得有缺损和破裂。

注意：检测球拍时，用手抓住拍柄，不要触碰拍面胶皮。

（2）填写球拍检测登记表。表头应包括日期、时间、场次、台号、运动员姓名、单位、检测类型（自愿检测、义务检测、赛前检测、赛后检测）。

（三）对各项目检测

（1）检查 LARC 表，核对覆盖物的品牌、型号、国际乒联标志，确认其合法性。

（2）检查球拍的平整度：球拍每一面测量两次，第二次测量方向与第一次方向垂直，记录最大的读数（不取平均值）。

注意：检测前，要在基准台上将读数校正为“0”，不要压在胶皮商标上，准备好备用电池。

（3）测量胶皮海绵厚度：球拍每一面测量 4 次（球拍拍柄两侧各测量两次），取 4 次平均值并记录（最大容忍度为 4.04mm）。

注意：检测前，要在基准台上将读数校正为“0”，不要压在胶皮商标上，检查球拍拍柄处是否经过处理，准备好备用电池。测量胶皮海绵厚度时，胶皮海绵平整度的凸起值应计入厚度值。

如果红面平整度为正值，黑面平整度也是正值，则这两个平整度测得值应分别计入球拍两面的厚度值；如果平整度值红面为正值 x，黑面为负值 y，$x+y=z$ 是正值，则 z 值应计入红面的厚度值。如果 z 值是负值，则不计入；如果平整度值黑面为正值 x，红面为负值 y，$x+y=z$ 是正值，则 z 值应计入黑面的厚度值。如果 z 值是负值，则不计入；如果红面平整度为负值（凹入），黑面平整度也是负值，则这两个平整度测得值不计入厚度值，如表 3–5 所示。

表 3-5　胶皮平整度示例

	情况 1	情况 2	情况 3	情况 4
红面厚度测量数值	3.90	3.90	3.90	3.90
红面平整度测量数值	–0.10	+0.10	+0.10	+0.10
黑面平整度测量数值	–0.05	+0.05	–0.05	–0.02
红面厚度检测结果	3.90	4.00	3.95	3.90

（4）测量粘合剂挥发：即 VOC 检测，将主机、导管、过滤器和帽子连接，并保证电量充足。每次测量前，先记录空气中 VOC 含量，然后将小帽盖放在胶皮中间，20 秒后记录胶皮读数，将记录的两个读数相减，差值即测量的真实结果（最大容忍度为 3.30ppm）。

（四）球拍的处理结果

（1）将合格的球拍装回原袋，由该球台裁判员取走或由球拍检测裁判员送到球台临场裁判员手中。

（2）将不合格的球拍情况报告裁判长，确认后将球拍装回原袋暂存在球拍检测中心。若有时间则通知运动员送检第二块球拍，如时间不足则通知运动员用备板比赛，并进行赛后检测。本场比赛结束，运动员自行取回不合格球拍。

（3）球拍检测中心裁判员坚守岗位至比赛结束，做好赛后球拍检测工作。

第十节　鹰眼回放工作流程

国际乒联引入乒乓球回放（鹰眼）系统，比赛中可使用乒乓球电子审查系统（TTR，乒乓球视频回放系统）。当运动员认为裁判员做出的判罚不正确时，赋予运动员查看回放的权利。在高精度科技的帮助下，视频回放裁判可以将某一分（回合）进行回放，并有权以回放为依据推翻临场裁判员的判罚。TTR 可在运动员对当值竞赛官员就事实问题的判定提出申诉时启用。TTR 将对引发申诉的情况进行视频重播，并由 TTR 官员对申诉做出最终判定（图 3–21、表 3–6）。

赛前，通知运动员该场比赛是否可以使用鹰眼回放
↓
裁判员就某一回合做出决定并判分
↓
被判失分的运动员可以要求挑战鹰眼
↓
挑战鹰眼（要求回放）应在裁判员判分后，下一回合开始前尽早提出，
且只能针对不合法的动作提出挑战
↓
裁判员用手画出方形，表示运动员挑战鹰眼（要求回放）
↓
鹰眼回放团队在回放监视器和场馆大屏幕回放这一分（回合）
↓
视频回放裁判验证临场裁判对这一分的判断是否正确并做出最终决定，
最终决定在视频回放中显示
↓
裁判员据此确认决定或改判

注：每名（对）运动员在每场比赛中最多有两次挑战鹰眼（要求回放）的机会，如挑战不成功，将扣除一次机会。

图 3–21　鹰眼回放工作程序

表 3–6　鹰眼回放支持的判罚点

序号	鹰眼回放支持的判罚点	鹰眼回放技术
1	擦边球	跟踪球的轨迹及虚拟现实动画
2	发球擦网	跟踪球的轨迹及虚拟现实动画
3	发球抛起高度	多部高清摄像机慢动作回放和测量高度
4	发球抛起角度	多部高清摄像机慢动作回放和测量角度
5	发球遮挡	多部高清摄像机慢动作回放
6	发球时在台面以下抛球	多部高清摄像机慢动作回放
7	发球时在端线以内抛球	多部高清摄像机慢动作回放
8	发球时手掌未张开	多部高清摄像机慢动作回放
9	发球时在端线以内击球	多部高清摄像机慢动作回放
10	球触及运动员身体	多部高清摄像机慢动作回放
11	球触及球网装置以外的物体	多部高清摄像机慢动作回放
12	规则 2.10 规定的其他方面	多部高清摄像机慢动作回放

附：鹰眼回放系统图示（图 3-22 至图 3-26）

图 3-22　擦边

图 3-23　出界

图 3-24　发球擦网

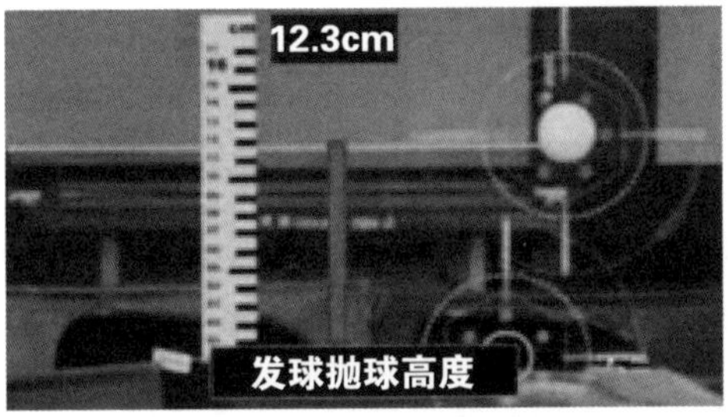

图 3-25　发球抛起高度

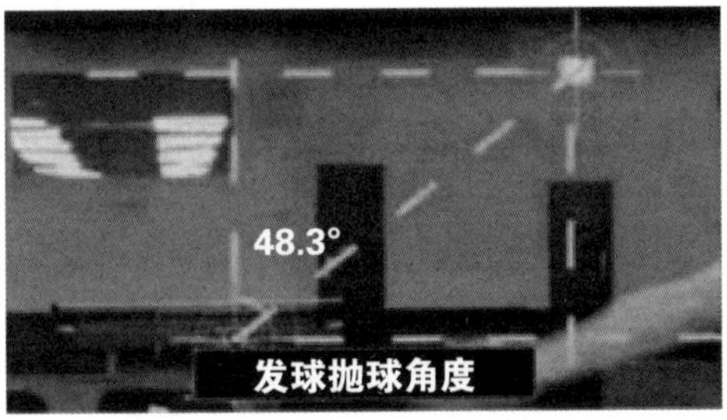

图 3-26　发球抛起角度

CHAPTER 04
第四章

乒乓球裁判员应具备的素质及临场执法艺术

裁判员是一场比赛的全面管理者，每个裁判员都必须对自身、对裁判工作和完成裁判任务有充分的认识，要做到专业执法。裁判员应努力进入角色，合理分配注意力，掌握执法速度、执法尺度、确认事实、理解职责、处理矛盾、术语和手势等各项执法技术，解决好处理业余和专业、重点和全面、反应和处理、准确和统一、目睹和证据、分工和配合、避免和面对及判定和表述等各项矛盾的辩证关系，从而掌握乒乓球裁判员临场执法的艺术。

第一节　乒乓球裁判员应具备的基本素质

一、对裁判员任务的基本认识

乒乓球裁判员认识到自身的非职业化、非理论性和非经常性，是其处理好业余身份和专业比赛的关系，快速进入角色的重要一环。不管是什么级别的乒乓球裁判员，其身份都是业余的，而他们执法的比赛很多都是由专业运动员参加的比赛。乒乓球裁判员必须在这个基本认识的基础上去探索如何处理业余身份和专业要求相适应的关系，快速掌握临场执法的技术。裁判员在本职工作岗位上接到乒乓球竞赛执法任务后，能快速进入临场裁判角色，无疑是裁判员圆满完成裁判执法任务的首要条件。

（一）乒乓球裁判员平时应做的准备

（1）乒乓球裁判员应定期或不定期地抽出时间，认真学习、研究乒乓球竞赛法、规则法和裁判法，使自己逐步建立起裁判员所必需的理论基础，为接受裁判执法任务做好准备。

（2）乒乓球裁判员应保持与所在城市乒乓球协会的联系，了解所在城市举办乒乓球竞赛的计划，争取在业余时间或节假日适当参加一些竞赛裁判执法工作，不要让自己完全处于被动等待状态。

（3）经常参与群众性乒乓球竞赛执裁工作，不仅有助于推动群众性体育运动的开展，而且对于提高自己的裁判理论和执裁水平，以及更好地胜任更高级别的竞赛裁判任务有很大的帮助。

（4）建议每位业余裁判员根据规则、规程的要求和以往执裁的经验，制定一套执裁的完整实施程序，包括出发前、途中、抵达赛区后各个时段的详细的准备工作清单。有了这份清单，可使自己在接受裁判执法任务后，快速、有序地进入临场执法的角色，并能有效地防止可能发生的某种疏忽和由此引起的问题。

（二）到达赛区后裁判员的主要任务

（1）迅速熟悉本次竞赛各方面的情况：裁判员应通过竞赛秩序册等资料，了解本次竞赛的竞赛规程、日程安排、参赛队和参赛运动员的情况以及裁判队伍的情况。通过实地观察，熟悉本次竞赛的比赛场馆、比赛球台的设置、赛场的比赛条件、赛区的裁判设施以及驻地与场馆的交通安排等。对于发现的问题，应及时向相关部门或人员咨询。

（2）时刻牢记自己的身份，注意自己的言行：作为一名裁判员，无论是赛前、赛中，还是赛后，都应时刻牢记自己的身份，注意自己的言行。在赛前，不要和运动队、运动员私下接触，也不要接受宴请、娱乐活动和礼品。在餐厅、大堂、候车处与运动员见面时，也只能简单地打招呼。裁判员在赛区也不得预测比赛结果、评论比赛形势。在未执法比赛的情况下，观赛时不得为运动员鼓掌叫好，或者做出高兴、失望的表情，或者对胜者表示祝贺、对失败者进行安慰，这些行为都与裁判员的身份不相符合。

（3）临场执法认真对待：在临场执法过程中，裁判员应全神贯注，注意力高度集中，认真地确认场上的事实，严格执行规程的有关规定，做到不选择场次、不偷瞄镜头、不在间歇时间看邻台比赛、不关注运动员的技战术、不琢磨场上的比分等。

二、良好的道德品质和思想修养

裁判员在比赛中肩负着执法者和组织者的责任，对比赛有着举足轻重的作用。

这就要求裁判员必须遵循“公开、公平、机会均等”的原则，必须具备优良的道德品质和思想修养。

（一）道德品质

裁判员的道德品质是正确贯彻执行规则和裁判法的先决条件。树立高尚的裁判道德观不是临场前听听动员报告、宣布几条规定所能达成的，而是需要特定的、科学的、法制的教育内容、教育措施和教育影响，更需要裁判员本身自觉的意愿和行为。一位优秀的裁判员应具备以下基本的道德品质。

1. 客观公正

客观公正是裁判员首先应该具备的道德品质。裁判员无论级别的高低或分工的轻重，都必须具备公正无私的道德品质。否则，在临场中就不可能表现得严肃、认真、坚定和果断；一旦遭受到某些外界压力、干扰和困难，就会患得患失，凭借手中的权力做出错误的裁决，使运动队和运动员受到不可弥补的损失。裁判员只有具备大公无私和刚正不阿的品质，才能秉公执法，主要表现在无论是对有声望的运动队还是对无声望的运动队，对金牌运动员还是对无名小辈，对本单位还是对外单位，对国际比赛还是对国内比赛，都应一视同仁。

2. 诚实

诚实在裁判工作中表现为坚持实事求是的原则。如果裁判在比赛中发现自己的判罚确实有误，应予以纠正，不能为了自己的脸面和虚荣心，固执己见，错上加错。

3. 谦逊

裁判员必须清醒地认识到，其对每一分、每一局、每一场的判决都直接关系到一个运动员长期艰苦训练的成果，关系到他们的切身利益，甚至关系到一个国家、民族的荣誉。所以，裁判员要尊重他们的劳动成果（即比赛结果），关心和爱护他们，虚心学习他们的优良品质和顽强拼搏的精神。

4. 果断

果断要求公字当头，严格遵循竞赛规程和规则的要求，使运动员能够充分发挥技术水平，表现出无私无畏的精神。

5. 热情

裁判工作既要分工又要合作，需要裁判员具有集体主义精神。在合作中，裁判员要表现出对彼此的尊重，善于关怀和体谅别人，任劳任怨，不计名利，团结协作，共同完成裁判任务。

（二）思想修养

裁判员不仅要有高尚的道德品质，还要不断通过自我培养和自我砥砺，使自身的道德意识和道德行为得到深化和强化，以达到更高的境界。

1. 谦和稳重，自尊自爱

裁判员在对待争议时，要保持冷静的态度，从容地发表看法。如果运动员（队）对争议裁决不能理解和接受，裁判员不宜强加于人，应及时报告裁判长，不做无原则的争执，更不要从地位和气势上压服别人；遇到不礼貌的现象，甚至是过激的言行，应保持理智，以理服人。

2. 助人为乐，善于合作

裁判员基本上都是业余的，来自不同的地方，有不同的职业。因此，裁判员在工作中要互相帮助，取长补短，存小异、求大同，善于团结他人，从而共同完成裁判工作。

3. 严肃认真，精益求精

评价一个裁判员，首先是看他的工作态度和工作效率，看其是否严格执行裁判规则。勇于负责，严于职守，勤于公务，重于信义，精通业务，高效率、高质量地完成任务的裁判员，必然会得到同仁的尊重与信任，受到各方的好评。

4. 廉洁奉公，洁身自好

裁判员的行为关系到运动员（队）的成败胜负，所以其一般都会受到别人的敬重。有些运动员（队）或俱乐部为了完成任务、升级或者是保级等，会对裁判员施以伎俩，甚至收买。因此，裁判员必须要奉公守法、廉洁清正，保持高贵的尊严和高尚的人格。

综上所述，一名优秀的裁判员只有具备高尚的道德品质和思想修养，才能高质量、公正、客观、准确地完成裁判任务。

三、良好的业务素质

裁判员（长）既要具有良好的思想修养和道德品质，又要具有过硬的业务素质，否则是无法胜任这项工作的。作为一名乒乓球裁判员（长），应具备以下必备的业务素质。

（一）裁判长应具备的素质

裁判长应具备的素质有公正、公平、透明、廉洁；理论水平突出、精通规则规程、业务能力全面；有出色的组织能力、协调能力和管理能力；顾全大局、知人善任、勇于承担责任；工作踏实、任劳任怨、善于总结经验；具有威信和威望。

（二）裁判员应具备的业务素质

1. 熟悉规则，融会贯通

乒乓球裁判员的工作看似简单，实际上要当好一名裁判员是非常不容易的，必须要精通规则、规程。例如，对发球犯规的规定，对服装、球拍的规定，对比赛连续性的规定，对教练员场外指导的规定以及对弃权的规定等；在对运动员的发球进行判罚后，运动员向你申诉时，你要立即说出理由，使其口服心服；教练员在不该指导的时间里进行非法指导时，你必须应用规则和规程，立即予以处置，让人心悦诚服。

2. 反应敏捷

裁判员必须要有清晰的思维、敏捷的反应，对场上出现的一切问题必须在第一时间里做出快速的反应，做出正确的处理。

3. 良好的亲和力

一名优秀的裁判员在严格执法的同时，也需要具有亲和力。在发生了争执、争议时，裁判员应面带微笑，从容、镇定地处理好问题，而不是表现得呆板、不苟言笑、表情僵硬，以致激化矛盾。

4. 组织协调能力

裁判员的组织协调能力表现在工作上，就是要具有高效率，能够在工作中作风果断、毫不拖拉；同时，要服从指挥，听从裁判长的调配，遵守纪律，团结协作。

5. 有较高的英语水平

乒乓球运动自诞生起发展到今天，已成为一项全球化的运动，国家和地区间关于乒乓球运动的交流也日益频繁。乒乓球裁判员也逐渐开始要与来自各国的乒乓球运动员打交道，这就使得他们需要用一种国际通用语言——英语进行沟通。

6. 熟悉计算机操作

随着乒乓球运动的飞速发展，对裁判员的要求也越来越高、越来越全面。现在在所有大型的乒乓球比赛中，抽签、编排、成绩的输入、打印成绩册等都是用计算机来操作的。因此，乒乓球裁判员不了解、不熟悉计算机在裁判工作中的应用，显然不符合今天乒乓球竞赛发展的需要。

（三）良好的心理素质

1. 坚定的信心

信心是做好乒乓球裁判员的前提条件。乒乓球规则规定，裁判员就事实问题有最后决定权。因此，当裁判员坐上裁判椅时，必须要有信心去做好裁判工作，而不能患得患失。

2. 把握大局、控制局面的能力

我们知道，每个裁判员在裁判过程中都会遇到一些困难，发生一些争执（包括同教练员、运动员，甚至是观众等）。这时，裁判员特别需要冷静下来，并根据自己的判定来进行裁决，而不能人云亦云，受外界干扰。

3. 遇事不慌、处事不惊、镇定自若、独立作战

由于乒乓球裁判员执场时间长，注意力高度集中，容易出现大脑中枢神经系统疲劳，难免会出现一些小的疏漏。但是，出现了问题以后不要慌张、手忙脚乱，以致错上加错，而应该冷静地处理。

（四）良好的身体素质

乒乓球裁判员虽然不像篮球、足球裁判员那样有硬性的身体素质测试项目和标准，但由于乒乓球项目的特点，有些比赛一天三节（上午、下午、晚上）连续作战，每一节还要求裁判员一人一团一贯制。而且，在遇到势均力敌的两队时，比赛持续几个小时也是常事。所以，乒乓球裁判员还必须具备良好的身体素质。

1. 心脏的承受能力强、适应水平高

乒乓球运动速度快、旋转强，比赛气氛紧张、激烈。因此，裁判员心脏的承受能力要强，适应水平要高。

2. 灵敏的反应能力

裁判员在裁判的过程中，必须要有灵敏、快速的反应。如果过了关键环节才反应过来，才叫停，很有可能会产生争议。

3. 有氧耐力水平高

乒乓球裁判员要在中小强度下持续工作若干小时，因此，只有具备良好的耐力，才能保质保量地完成任务。

第二节　乒乓球裁判临场执法艺术性探讨

做好乒乓球裁判工作不仅应当精通规则、严格执行规则，还应当研究如何更好地在不违背规则精神的前提下，提高执法水平和能力，做到既有原则性，又有适度的“灵活性”。在本节中，我们着重对裁判长与裁判员的临场工作进行一些探讨，以使裁判长、裁判员在临场工作中均能达到一种较为理想的状态和境界，从而高质量地完成任务。

一、裁判长的工作权限和临场执法的艺术性

（一）裁判长的工作权限（职责）

裁判长是整个比赛的组织者、指挥者。总的来讲，裁判长的任务是制订竞赛工作方案，编制技术文书；调兵遣将，合理安排裁判员；亲临现场，处理临场工作中的突发事件和裁判员解决不了的问题。

具体来讲，裁判长的职责有主持抽签；编排比赛日程；指派裁判人员；主持裁判人员的赛前短会；审查运动员的参赛资格；决定在紧急时刻是否中断比赛；决定在一场比赛中运动员是否可以离开赛区；决定是否可以延长法定练习时间；决定在一场比赛中运动员能否穿长款运动服；对解释规则和规程的任何问题做出决定，包括服装、比赛器材和比赛条件的可接受性；决定在比赛紧急中断时运动员能否练习，以及练习地点；对于不良行为或其他违反规程的行为采取纪律行动；经竞赛管理委员会的同意，裁判长将工作托付给其他人员时，应将这些人员的特殊职责和工作地点告知参赛者及队长；裁判长或在其缺席时负责代理的副裁判长，在比赛过程中应自始至终在比赛场地内；如果裁判长认为有必要，可在任何时间更换裁判人员，但不得更改被更换者在其职权范围内就事实问题做出的判定；从抵达比赛场地开始至离开场地，运动员应处于裁判长的管辖之下。

（二）裁判长工作的总体要求和工作程序

1. 赛前应接受任务，周密安排

（1）了解、熟悉、理解竞赛规程。

①竞赛规程的指导性：时间、地点、参加单位、参加办法、竞赛方法、名次录取等。

②竞赛规程的法律性：竞赛规程是比赛官员保证执行的行为规则。

③竞赛规程与乒乓球竞赛规则之间的关系：乒乓球竞赛规则是竞赛规程的一个组成部分。

（2）及时了解担任本次比赛裁判工作的人员情况。

①副裁判长（助手）人选，高层领导班子间的配合、协调程度，是组织好一

次竞赛的关键。

②骨干裁判力量。骨干裁判是竞赛裁判工作质量的基本保证。

③编排记录组人员的组成情况。编排记录组的工作直接影响一次竞赛的组织水平，包括竞赛次序能否有条不紊地进行、比赛的名次是否正确。

（3）运动员的资格审查。

①报名表就像运动员和组织者之间的一张“契约”，需要双方服从其中的任何条件。确保这些条件的付诸实施是裁判长的责任。例如，对少年比赛的运动员有特定的年龄限制，裁判长必须确认运动员的年龄是否符合条件，且不得接受已被其协会终止或除名的运动员的报名。只有得到所属协会的允许，运动员才能参加国际公开赛。参加国际团体赛的运动员必须合法代表其所属协会。

②资格审查的主要问题包括冒名顶替、弄虚作假、法律有效（证明）文书是否齐全等。

③采取的对策：依靠各方配合，妥善处理。

④确认由谁负责接受报名（竞赛组还是裁判长）。裁判长负责审查运动员的参赛资格，负责接受报名工作，或积极参与、配合，具体应视情况而定。

（4）抽签、编排。

①根据竞赛规程和比赛办法，统计参赛队数、人数、各项目的轮次、场次数。

②根据组委会竞赛日程安排，考虑设计抽签、编排方案。

③根据竞赛规程中的比赛办法进行抽签。

④实施编排（兼顾各方、相对合理，多种预案、以备变更）。

（5）印制竞赛秩序册。

①固定部分：竞赛规程、补充规定、守则、比赛名次以外的评奖办法，组委会人员、裁判员、运动员名单，以及大会活动日程表等。

②机动部分：竞赛次序分项目、分阶段临时编印。由于某些特殊原因，总会发生一些意外情况，因而有时变更抽签也是被允许的。

（6）检查比赛场地、器材：在可能的情况下，裁判长应在比赛开始前检查好比赛场地，以便提前纠正比赛条件存在的任何不足之处。

（7）运动队（员）的赛前练习安排：为保证各运动队（员）的赛前练习机会相对均等，裁判长应积极参与或直接负责运动队（员）的赛前练习安排。

（8）参加和组织有关会议。

①参加组委会会议。

②参加（竞赛）新闻发布会。这是因为现代竞技体育只有新闻媒体的介入才具有生命力，才会体现一种价值，才能扩大影响，产生更大的商业效应。

③参加领队（或队长）教练员联席会议：通报有关裁判组织工作的基本情况；就竞赛技术管理工作中某些特殊问题做简要说明。

④组织召开裁判长工作会议：制定工作程序；安排工作任务。

⑤组织召开比赛官员（裁判员）动员会、学习会，并进行赛前临场实习。竞赛开始前，裁判长应召开一次裁判员会议，就任何新规则和规程的运用，以及服装和器材规格等方面的可允许尺度进行指导，以提高裁判员的业务水平，调动一切积极工作因素。

（9）参与和了解赛前的其他准备工作。

2. 赛中应全力以赴，确保佩戴明显标志，亲临比赛现场，明确所在位置

（1）裁判长（或授权代理人）在比赛期间必须亲临现场，并明确其所在位置。裁判长不必亲自处理所有职责范围内的事务，可授权他人进行，但裁判长仍负有责任。

（2）委派和监督比赛官员。

①委派的信任度：比赛官员的委派应是慎重的（必须能完成任务）和完全信任的。

②监督的方式应是观察与指导，以观察为主，指导、督促为辅。在任何可能的时候，裁判长应观察已被委派的裁判员，核查他们的能力，对任何不足之处及时给予指导，并加以纠正。要尽可能地避免未出问题前的单一（场外）监督，因为这样的监督方式往往会给临场裁判员造成不必要的心理压力。

③重要比赛场次裁判员的挑选。对要担任重要比赛场次（如半决赛和决赛）的裁判员，应根据裁判员在竞赛期间的表现来确定，而不是完全依据其身份或资历来挑选。

（3）解释规则、规程，并对裁判长职责范围内的有关问题做出决定。

①一次竞赛的管理机构通常包括一般比赛官员、裁判长及其代理人、管理委员会。

②各自的职责范围：裁判员主要决定事实问题；裁判长决定规则解释问题；管理委员会决定规则所没有涉及的问题。

③规则的宣读和解释：规则包含比赛规则、国际乒联的国际竞赛规程，以及

组委会所决定的在报名表上注明的任何特殊规程和条件。只有熟悉规则，并对规则条文有所理解的监督比赛的官员，方能进行正确、规范的解释。规则解释包括两个方面，一是裁决规则是如何执行的，尤其是未被规则文字明确表明的情况；二是执行某些规程所要求的判决（如服装、器材比赛条件、比赛能否紧急中断、对违反规程行为进行处罚等）。

④执法的一致性：裁判长在裁决规则解释方面的问题时，应考虑国际乒联的裁决和任何有关的先例，这将有助于实现执法的一致性。而这正是一名好的裁判长必不可少的素质。对于裁判长来说，持有一本“竞赛日志”不失为一个好方法，其中可以记录自己所处理的事件及所做出的决定。这不仅有助于裁判工作保持必要的连贯性，而且为抗议或申述提供了依据。

（4）监控比赛进度：绝对有序的比赛一般是不可能的，因为一场比赛的局分、比分和一分所消耗的时间不尽相同。裁判长应随时掌握比赛进度，及时调整，以保证比赛相对有序进行。

（5）撤换裁判员的基本原则：比赛无法继续进行；由于执行规则过于僵化，或因非临场裁判因素，可能影响比赛结果；明显偏袒或涉及中立问题。

3. 赛后应善始善终，认真总结

（1）宣布竞赛成绩（名次）：裁判长应审核或亲自计算竞赛成绩，而后宣布竞赛成绩（名次）。若由大会主席或其他人宣布竞赛成绩（名次），则一定要得到裁判长的认可。

（2）及时编印成绩册：成绩册应在赛后及时发送或邮寄给有关部门、单位。对比赛中的竞赛、技术管理工作进行总结。具体包括竞赛工作的主要特点、经验、教训、体会、改进办法等，可为下次竞赛提供工作经验。

（3）负责向上级有关部门汇报竞赛工作情况。

小结：裁判长工作的具体工作程序

• 赛前：接受指令，了解规程→接受报名，审核报名，变更报名；做好赛前资格审查，确保报名准确→制订抽签方案，确认种子、种子变动方→实施抽签时间、地点、抽签人、助手→编排并校对秩序册→了解场地器材情况，确认其合法性→安排赛前练习时间、球台→了解裁判员和副裁判长情况→组织裁判员学习、实习，确定骨干→下发裁判任务书并分阶段→参加组委会→参加教练员裁判长联席会。

• 赛中：确定裁判长、副裁判长的最佳分工→自始至终亲临现场，佩戴明显标志，明确裁判长的位置→随时解释规则、规程的有关问题→处理弃权→接受申述→处理突发事件→处理教练员、运动员作风问题并记录→准备第二阶段抽签→考核裁判员，确定半决赛、决赛裁判员。

• 赛后：审核成绩、名次、计算准确无误→宣布名次→汇编成绩册→召开裁判员总结会，评选优秀裁判员→上交总结，陈述经验教训和典型事例，并发现人才。

（三）裁判长的工作艺术

1. 裁判长工作的特点

裁判长要在特殊的环境中、特定的氛围下，对突如其来的、自己看见或没有看见的全部事实（不可能每张球台都能看见）进行正确、及时的处理。因此，裁判长必须精通规则、积累经验、控制场面，熟练、巧妙地处理问题。

2. 裁判长工作的重点、难点

（1）临时变更难以处理：这就要求裁判长在短时间内做出快速反应，做出予以接受或不同意变更的决定。

（2）对于弃权要慎重：裁判长要以规则为根据，对弃权的时间要非常清楚；同时，要对一些特殊情况，如堵车等运动员自身无法克服的意外情况灵活处理。

（3）撤换裁判员：在比赛中随时可能出现运动员或运动队与裁判员发生冲突，以致比赛无法顺利进行，运动员或运动队强烈要求更换裁判员的情况。因此，裁判长对于此类情况必须慎重、妥善处理。只有在裁判员影响了比赛的公正性且丧失了控制比赛局面的能力致使比赛无法进行时，裁判长才能撤换裁判员。一般情况下，不能轻易地撤换裁判员。

3. 裁判长工作的处理艺术

（1）坚持原则，公正公平，适度灵活，一视同仁。

（2）了解事实真相，分析矛盾焦点，以规则为准绳、以事实为依据，积极妥善处理，公开处理结果。

（3）把握好处理问题的时机和节奏，切勿“四太”：太早、太迟、太快、太慢。调不宜高、话不宜多，冷静而稳健，快而不急。

（4）正确把握规则精神，绝不能掩盖矛盾、回避事实、听信谎言、态度暧昧，既不能激化矛盾，也不能扩大矛盾，而应正视事实，认真负责地按照规则要求处理。

（5）把握好监控原则。在运动员作风问题上，对一般运动员、著名运动员应一视同仁，不能患得患失。处理时应态度鲜明，尊重他人。

（6）具有良好的协调能力与沟通能力。裁判长既要对组委会、仲裁委员会负责，又要安排和使用好副裁判长、裁判员，对上对下都应保持良好的关系，以利于工作的顺利进行。

二、裁判员的工作权限和临场执法的艺术性

（一）裁判员工作的权限

裁判员工作的总体要求是确认事实，对照规则，做出判定。其工作权限如下。

（1）检查比赛器材和比赛条件的可接受性，如有问题向裁判长报告。

（2）在进入赛区之前，运动员应有机会挑选一个或几个比赛用球，并由裁判员从中任取一个球进行比赛；如果未能在运动员进入赛区前挑选比赛用球，则由裁判员从一盒大会指定的比赛用球中任取一个进行比赛。

（3）主持抽签确定发球员、接发球员和方位。

（4）决定是否因运动员身体伤病而放宽合法发球的某些规定。

（5）控制方位和发球、接发球的次序，纠正上述有关方面出现的错误。

（6）决定每一个回合得 1 分或重发球。

（7）根据规定的程序报分。

（8）在适当的时机执行轮换发球法。

（9）保持比赛的连续性。

（10）对违反场外指导或行为等规定者采取行动。

（11）副裁判员决定处于比赛状态中的球是否触及距离其最近的比赛台面的上边缘。

（12）裁判员或副裁判员均可判决：运动员发球动作不合法；合法发球触及球网装置；运动员阻挡；比赛环境受到意外干扰，该回合的结果有可能受到影响；掌握练习时间、比赛时间及间歇时间。

（13）当副裁判员或其他受指派人员执行轮换发球法时，副裁判员或受指派的一名裁判人员均可担任计数员，记录接发球方运动员的击球板数。

（14）裁判员不得否决副裁判员或计数员根据规则 3.3.2.5 和 3.3.2.6 条款所做出的决定。

（15）从抵达比赛区域开始至离开区域，运动员应受裁判员的管辖。

（二）裁判员临场管理的基本内容

（1）对比赛双方得失分的管理。

（2）对比赛器材的管理（球台、球网、球、球拍）。

（3）对比赛条件的管理（场地、灯光、挡板、记分器、队名牌、人名牌等）。

（4）对运动员服装的管理（服装样式、颜色、一致性等）。

（5）对比赛时间的管理。

（6）对场外指导的管理。

（7）对运动员行为作风的管理。

（8）对比赛运行机制的管理。

（9）对比赛技术文书的管理。

（10）对观众的管理。

（三）裁判员临场执法的艺术性

（1）裁判员的基本职责是确认事实，对照规则，做出判定；要正确处理好事实与认识的矛盾。裁判员如不能确认事实或确认的不是事实，就不是称职的裁判员。

（2）正确理解“最后决定权”——正确处理好执行与报告的矛盾；该报告裁判长却不报告——错误（越权处理）；不该报告裁判长而去报告——错误（矛盾上交）。

（3）合理分配注意力——正确处理好集中与分散的矛盾。乒乓球体积小，在运动过程中速度快、旋转强、变化多。这就要求裁判员的注意力高度集中，若出现神情恍惚、注意力分散等情况就容易出现差错。如果裁判员犯错误后，仍陷入一种回想、琢磨的状态，就会错上加错。然而，是否注意力越集中越好呢？并非如此。在执法过程中，如果裁判员一直盯着球，除了球以外什么都不看也是不行的，长时间、高强度地盯着球看，必然会导致视觉疲劳、反应迟钝，甚至体力不支，从而导致错误出现。优秀的裁判员应正确处理注意力集中与分散的问题，应具有“眼观六路、耳听八方”的能力，合理分配注意力，坚持注意力集中与分散相结合，以集中为主；根据时机（如运动员局间休息时）适度放松和调节注意力。

（4）正确处理好“快”与“慢”的矛盾。乒乓球比赛速度快、节奏快、变化快，因此裁判员对比赛的处理也相应地要快。也就是说，裁判员反应要快、判断要快，在结果出来之前应有所预料，应做到心中有数。当然，这种快不是越快越好，而是要以快为主、快慢结合，做到快而不急、慢而不怠。

▲哪些情况下要快？

• 判发球违例要果断、要快（裁判员从开始发球起，就要注意发球方是否合乎规则要求，如不符合，应立即以“发球违例”，判对方得 1 分）。

• 判连击和两跳要快（一旦发现此类情况应立即叫“停”，不让球继续来回运行）。

• 发现错发、错接（主要是双打错发、错接）时叫“停”要快，并迅速纠正。

• 对于明显的犯规，如不执拍手触及台面、移动台面、运动员或其穿戴物触及球网，应果断、及时判定。

• 对于球是否擦边、是擦边还是“侧面”、发球是否擦网（尤其是轻微、不明显的），应迅速、果断、清楚地判定。

• 对副裁判员在其职责范围内做出的判定应认可，并迅速做出相应判定。

▲哪些情况下应慢一些？

• 发球擦网，但尚未落在对方台面时，要注意看球擦网后的变化：若出界，判失分；其他情况应判重发球。

• 发现擦边时，不要立即喊“擦边”，而要看这个球对方能否还击。

• 当外界球进入场地时，不要立即叫“停”；若正处在一方得分之际，可慢一点儿叫“停”。

• 当一方运动员正在还击时，若受到外来客观影响（如对方冲撞、球拍脱手，或挡板被邻台撞倒等），则不要立即叫“停”；若其还击合法，则得分仍有效（若因受到影响而无法合法还击，则应判重发球）。

• 轮换发球法，计数员数到“13”时，不要立即叫“停”，而应看球是否落入对方台面。

• 对于副裁判员一侧的球是否擦边，要根据副裁判员的反应或示意判定。

（5）裁判员要保持执行规则的尺度一致性。

如果裁判员在对双方执行规则时的尺度不一致，则只有两种结果：一种是"正确 + 错误"，另一种是"错误 + 错误"，结果都是错误。具体而言，执行规则的尺度一致性表现在以下方面。

①时间一致：要在每一局、每一场、每一次、每一节、每一天，甚至整个赛事中保持尺度一致，要有稳定的统一性，做到始终一致，而不能先紧后松或先松后紧、时紧时松。否则，教练员、运动员会提出质疑：为什么昨天这样打不算犯规，今天就犯规呢?

②空间一致：在所有的球台上，所有的裁判员都要保持尺度一致，做到左右球台之间、裁判员之间全体一致。避免"你判我不判""在 1 号台打时判，在 2 号台打时不判"。

③理论与实践一致、执法行为与规则条文一致。

（6）对发球犯规的处理——正确处理好判与不判的尺度。

裁判员要在比赛中做到公正、准确、不偏不倚，使双方运动员完全在公平合理的状态下展开竞争，首先必须吃透规则，融会贯通。只有这样，在临场中才能果断、准确地处理发生的问题。笔者认为，裁判员无论级别多高、如何熟悉规则，只要其在临场裁判时，当断不断、该罚不罚，就不是一个称职的裁判员。在临场时，如果个别运动员发球明显犯规而裁判员不予理睬，或产生恻隐之心，同情弱者，或在关键球时放之任之，估计利害关系，患得患失，这种"仁慈"，实质上是对另一方的"残忍"。对于发球犯规，如果裁判员自己拿不准，则应以不判为好。

（7）临场执法的公开性——正确处理好场上与场下的矛盾。

（8）赛场局面的控制能力——正确处理突发事件。

在乒乓球比赛的临场执法中，难免会遇到一些突发事件。这就需要裁判员冷静分析，正确处理好问题，否则会导致比赛局面混乱，失去控制。裁判员在处理问题的过程中，要避免下列情况的出现：执法太认真；激化矛盾；不善于抓住处理问题的时机；掩盖矛盾；寻找"无解"。

（9）正确理解和掌握规则的精神实质——正确处理规则的学习与适应规则修改变化的矛盾。

（10）在临场中处理权属、权限问题——正确处理主裁判与副裁判之间在关系、职责、权限方面的矛盾。

CHAPTER 05
第五章

乒乓球运动竞赛法

组织乒乓球竞赛，必须深刻理解和十分熟悉乒乓球竞赛的方法。乒乓球比赛由于项目多（男子团体、女子团体、男子单打、女子单打、男子双打、女子双打、混合双打等），参加比赛的单位多、人数多，竞赛的组织工作相当复杂，要求具备高度科学性。因此，研究乒乓球竞赛的技术理论，全面而熟练地掌握组织竞赛的科学方法，对一次比赛，特别是大型的、高水平的比赛将会产生重大的影响。

乒乓球竞赛一般采用单循环和单淘汰的竞赛方法，根据实际情况也可采用其他竞赛方法。不仅乒乓球竞赛的编排人员需要掌握乒乓球比赛的赛制、抽签、编排的基本理论和实践方法，裁判员和教练员也有必要掌握这方面的基本知识。

第一节　循环赛

一、定义

单循环赛是指参加比赛的队（人）之间轮流比赛一次（场）。双循环赛是指重复循环两次，即参加比赛的各方相互之间直接对抗两次。

循环赛的优点包括：参加比赛的各队（人）都能得到比赛机会，有利于通过比赛实现全面的互相交流学习；比赛结果的偶然性和机遇性少，能较准确地反映各参赛队（人）的技术水平，能较为合理地排出比赛名次。缺点为场次多，比赛时间长；无法知道何时是决赛；易产生打假球的现象。

循环赛不仅是乒乓球竞赛的一种基本比赛办法，也是其他球类竞赛经常使用的一种竞赛办法，特别是在足球、篮球、排球等集体项目比赛的第一阶段。目前在乒乓球世界锦标赛、洲锦标赛团体比赛的第一阶段、奥运会双打及单打比赛的第一阶段、世界锦标赛各单项比赛预选赛、世界杯比赛、职业巡回赛均采用此法。

要想有效地进行循环赛，必须有效地抑制打假球的问题；准确、及时地统计循环赛的名次；有效地解决单循环赛可容纳球队较少的问题。

二、单循环赛的抽签

目前，在团体比赛和单项比赛的第一阶段或单项比赛的预选赛中采用单循环赛的方式，一般比赛中循环赛小组的数量应为 2^n，以便在第二阶段进行淘汰赛。组内的队（人）数一般应控制在 3~6 个为宜，组与组之间的差值不能大于 1，而每个小组内队（人）数的多少，应根据比赛的目的、时间、球台数等具体情况来确定。如果比赛的目的是选拔运动员，比赛的时间较长，球台较多，应少设比赛小组，每个比赛小组内的队（人）数较多，否则应多设比赛小组，每个比赛小组的队数较少。但如果比赛的时间和球台都较少，而比赛的参赛队或参赛运动员较多，无法承受一个循环赛小组内有较多的队（人或对数），而又不能进行淘汰赛时，也可将每个循环赛小组的参赛队、参赛运动员数固定，再根据报名的参赛队数和参赛运动员数确定循环赛小组的组数，以保证比赛能按期完成。

▲例如，2021 年全国“校长杯”乒乓球比赛，参赛的运动队都是来自各省市的高校校长，由于比赛的时间只有 2 天，因此，第一阶段必须在 1 天内打完，但如果比赛不分阶段，直接进行淘汰赛，就有近一半的参赛队只能打一场球，这对于大多数参赛者来讲是不能接受的。但如果每个循环赛小组有 4 支队伍，打完循环赛小组的比赛就需要进行 6 场比赛；而如果每个循环赛小组有 3 支队伍，打完小组循环赛仅需要进行 3 场比赛。如果每场团体比赛按一个半小时的常规安排，前者比后者多用时 4 小时 30 分钟，即使是按照每小时一场团体比赛的紧凑安排方法，也需要多用时 3 小时，这对于比赛的承办单位是很难接受的。报名参赛的队伍共有 34 支，如果第一阶段循环赛小组的组数为 2^n 的话，根据报名的参赛队数来确定应该为 8 或 16 个循环赛小组的队数为 4 支，2 个循环赛小组的队数为 5 支，循环赛小组有 5 支队伍，需要打 10 场比赛才能结束，比小组中有 3 支队伍的循环赛多打 7 场比赛。如果一支参赛队在一天内连续进行 4 场团体比赛，就违反了规则的要求。如果在第一阶段设 16 个循环赛小组，就

会出现有14个循环赛小组只有2支参赛队伍的情况，这样就失去了进行小组循环赛的意义，大多数参赛单位都是不能接受的。因此，要想在一天内打完第一阶段的比赛，而又使比赛比较合理的话，就只能打破第一阶段小组循环赛的组数为2^n的惯例，在第一阶段设11个循环赛小组，其中10个组有3支参赛队伍，1个组有4支参赛队伍，从而保证比赛能顺利完成。但这样在第二阶段出现的队伍为11支，因为要用16个号码位置数进行淘汰赛，就会出现5支参赛队伍第一轮轮空的现象，这对于在第一阶段11支参赛队伍均为小组第一，而又不设种子进行第二阶段的抽签本身就是不公平的。然而，权衡两个阶段的得失，只有这样的安排才能保证比赛在2天内打完，在比赛不能保证完全公平的情况下，只能选择一个较好的方案进行。

（一）团体赛的抽签方法

在一般的团体比赛中，每个单位只出一支队伍参加比赛，因此在抽签时不用考虑同单位合理分开的原则，只需按照上一届比赛的名次，根据循环小组的多少，采取蛇形排列的方法进行抽签。

▲例如，有16支队伍参加比赛，计划分成4个循环小组进行比赛，可按图5-1的方法进行抽签（数字代表上一届比赛的名次）。上届比赛的第1~4名，分别直接进入ABCD4个小组，上届比赛的第5~6名抽签进入C或D组，第7~8名抽签进入A或B组，以此类推，直至将所有的参赛队都抽入各个循环赛小组。但如果有单位有两支以上队伍参加比赛，原则上应将他们抽入不同的循环赛小组（队数不大于组数时），除非组委会另有规定，并征得各个参赛队同意。

A	B	C	D
1	2	3	4
7~8		5~6	
9~10		11~12	
15~16		13~14	

图5–1 团体赛的抽签方法

（二）单项比赛的抽签方法

在单项比赛中，由于每个队可有多名运动员参赛，且各个队参赛的人数又不相同，因此，循环赛小组的抽签方法比较复杂。在抽签时必须考虑到将各队的队员合理分开，组与组之间的差额不能大于 1，除非组委会另有规定，并征得各个参赛队同意。抽签主要分为以下 4 个步骤。

（1）核对报名单：认真核对每支参赛队每个单项的名单及其队内排名。

（2）确定种子：根据比赛规定的确定种子的办法，确定每个单项的种子及其种子批号。例如，世界级单打比赛应依据最新公布的世界排名确定种子；双打比赛不能依据两名运动员的单打排名之和确定种子，而应依据排名委员会对每对双打运动员的排名而定。

（3）种子运动员的抽签：根据循环小组的组数及种子的个数，将种子分批按蛇形排列的方法抽入各个循环小组，方法与团体赛时基本相同，但也要考虑同队队员合理分开的问题。

（4）非种子运动员的抽签：按一定的顺序，将非种子队员合理分开，并应避开同队的种子队员。非种子队员的抽签顺序，可按报名先后、队名的汉语拼音顺序、队名的笔画顺序、团体赛的名次、报名人数多少等方法进行抽签。抽签前应根据每个单项循环小组的数量及报名参赛的人数，计算每个循环赛小组的人数，为报名人数等于循环小组数的队预留好位置。在抽签过程中，应按顺序进行抽签，每队进行抽签之前，应注意该队已抽入各组的种子队员的位置、该队的人数及每个循环赛小组人数与已进入的该组人数之差，确定要抽签的队员可以进入的循环赛小组，以免违反抽签原则。

三、单循环的编排

（一）比赛顺序轮转表

为确保比赛的顺利进行，首先要排出比赛顺序轮转表。乒乓球比赛采取的是“一号位固定，其他号位逆时针旋转”的方法。按参加比赛的队（人）数从数字号码“1”开始按左侧由上而下、右侧由下而上的顺序排列成双列。8 个队第一轮的排列如图 5–2 所示。

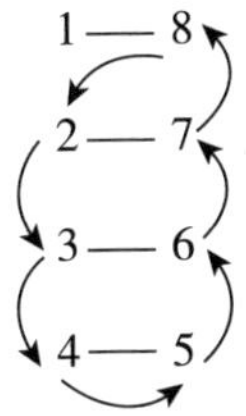

图 5–2　比赛顺序轮转表

第二轮是“1”号位固定不动，其他号位按逆时针方向旋转一个位置，直到恢复第一轮的前一轮为止。如果参加的队（人）数是单数，最后用“0”补成完整的双列，9 个队第二轮的排列如图 5–3 所示。

（一）	（二）	（三）	（四）	（五）	（六）	（七）	（八）	（九）
1—0	1—9	1—8	1—7	1—6	1—5	1—4	1—3	1—2
2—9	0—8	9—7	8—6	7—5	6—4	5—3	4—2	3—0
3—8	2—7	0—6	9—5	8—4	7—3	6—2	5—0	4—9
4—7	3—6	2—5	0—4	9—3	8—2	7—0	6—9	5—8
5—6	4—5	3—4	2—3	0—2	9—0	8—9	7—8	6—7

图 5–3　第二轮比赛顺序轮转表

这种轮转方式的优点主要有以下几个方面。

（1）比赛是逐轮进行的，这样可以确保比赛的各个队之间的进度基本一致。在大多数比赛中，特别是团体比赛单循环赛的顺序号与其技术水平的顺序号基本一致。因此，最后一轮比赛中 1—2 很可能就是决赛，这样可以使比赛在最后阶段达到高潮。此外，前一轮的比赛为 1—3、4—2，比赛的对手实力也基本一致，如果在编排时裁判长将 1—3、4—2 的比赛安排在同一时间、不同球台进行，1—2 的比赛机会基本上是均等的。当然这仅仅是一种预测，由于过去的成绩并不完全代表现在的技术水平，而最后的成绩又往往取决于运动员的临场发挥情况。所以，1—2 的比赛可以掀起一个高潮只是一种理论上的分析和估计，并不一定能够实现。因此，单循环赛并不是一种很完美的赛制，这是因为在颁奖仪式前，观众看到的应该是、也最好是真正意义上的决赛。如果在此之前已经产生冠亚军，或本场比赛的结果不是决定这两支参赛队谁是冠军，而是其他球队谁是冠亚军，那么观众观看比赛的情绪就会受到很大的影响。所以，单循环赛不宜作为决赛阶段的比赛方式，决赛阶段最好进行淘汰赛，以确保比赛的最后一场球就是决赛。

（2）对理论上实力最强的“1”来讲，其由最后一个顺序号依次打到“2”，如果单循环赛的序号代表参赛队的技术实力，“1”的对手实力由弱到强，最后其与“2”相遇，从理论上体现了对种子队的照顾。

（3）各轮比赛的强弱搭配比较合理，每一轮球赛有较多看点。我们以 9 个队的单循环赛的轮转表为例（图 5–4）。

（一）	（二）	（三）	（四）	（五）	（六）	（七）	（八）	（九）
1—0	1—9	1—8	1—7	1—6	1—5	1—4	1—3	1—2
2—9	0—8	9—7	8—6	7—5	6—4	5—3	4—2	3—0
3—8	2—7	0—6	9—5	8—4	7—3	6—2	5—0	4—9
4—7	3—6	2—5	0—4	9—3	8—2	7—0	6—9	5—8
5—6	4—5	3—4	2—3	0—2	9—0	8—9	7—8	6—7

图 5-4　9 个队的单循环赛轮转表

将比赛的两支球队的顺序号相减，得到表 5-1。

表 5-1　强弱搭配比较

（一）	（二）	（三）	（四）	（五）	（六）	（七）	（八）	（九）
7	8	7	6	5	4	3	2	1
5	5	2	2	2	2	2	2	5
3	3	3	4	4	4	4	3	3
1	1	1	1	6	6	1	1	1

在 9 轮比赛中，有 7 轮实力相差“1”的比赛；有 6 轮实力相差“2”的比赛；有 6 轮实力相差“3”的比赛；而实力相差“4”以上的比赛分散在 8 轮中，可保证任何时候来现场观看比赛的观众都有可能欣赏到精彩的比赛。

这种 1 号位固定不动、其他号位逐轮逆时针轮转一个位置的方法也存在一个比较明显的缺点。以 7 个队参赛为例（表 5-2），我们把序号为“6”的几场比赛圈起来，每个框又用一个箭头指向下一轮的一场比赛，不难发现一个现象：6 号队的这几场比赛的对手都是在前一轮比赛中“轮空”的队。第 4 轮比赛中“6”对“4”，而“4”在第 3 轮中轮空；第 5 轮比赛中“6”对“2”，而“2”在第 4 轮中轮空；第 6 轮比赛中“6”对“7”，而在第 5 轮中“7”轮空；第 8 轮比赛中“6”对“5”，而“5”在第 7 轮中轮空。也就是说，“6”号队自第 4 轮开始，其每轮比赛的对手都是在该轮比赛的前一轮轮空的队。

表 5-2　7 个队参赛轮转

第 1 轮	第 2 轮	第 3 轮	第 4 轮	第 5 轮	第 6 轮	第 7 轮
1——0	1——7	1——6	1——5	1——4	1——3	1——2
2——7	0——6	7——5	6——4	5——3	4——2	3——0
3——6	2——5	0——4	7——3	6——2	5——0	4——7
4——5	3——4	2——3	0——2	7——0	6——7	5——6

这是一种偶然现象，还是一种规律的反映？我们再看 9 支队伍比赛的情况，这种情况同样出现在“8”号队中（表 5–3）。

表 5–3　9 支队伍参赛轮转

第 1 轮	第 2 轮	第 3 轮	第 4 轮	第 5 轮	第 6 轮	第 7 轮	第 8 轮	第 9 轮
1——0	1——9	1——8	1——7	1——6	1——5	1——4	1——3	1——2
2——9	0——8	9——7	8——6	7——5	6——4	5——3	4——2	3——0
3——8	2——7	0——6	9——5	8——4	7——3	6——2	5——0	4——9
4——7	3——6	2——5	0——4	9——3	8——2	7——0	6——9	5——8
5——6	4——5	3——4	2——3	0——2	9——0	8——9	7——8	6——7

对于这种情况的规律性，我们归纳为以下 3 点。

（1）这种情况在循环赛参赛队数为大于 4 的奇数时必然会出现。

（2）这种情况发生在序号为 *n*–1 的队伍身上。7 支队伍参赛时会发生在“6”号队中，9 支队伍参赛时会发生在“8”号队中。

（3）这种情况出现在第 4 轮到最后一轮的每一轮中。上述两例分别发生在第 4~7 轮、第 4~9 轮中。也就是说，用 1 号位固定不动、其他号位逐轮逆时针轮转一个位置编序技术时，当参赛队数为大于 4 的奇数时，第 *n*–1 个队从第 4 轮开始，直到最后一轮为止，其每轮比赛的对手均在前一轮均“轮空”。与前一轮“轮空”的队比赛，是任何队都不能避免的，也无须避免，但是连续集中地发生在一个队，是这种排序技术的一个缺点。这种安排会造成其中某一队连续多次遇到的对手都是前一轮轮空的队，造成该队以劳待逸。

克服这一不合理现象的方法为采取奇数取中轮空法，如图 5–5 所示。

第 1 轮	第 2 轮	第 3 轮	第 4 轮	第 5 轮	第 6 轮	第 7 轮
1—7	7—6	6—5	5—4	4—3	3—2	2—1
2—6	1—5	7—4	6—3	5—2	4—1	3—7
3—5	2—4	1—3	7—2	6—1	5—7	4—6
0—4	0—3	0—2	0—1	0—7	0—6	0—5

图 5–5　奇数取中轮空法

这种编排方法的特点包括：①每轮第三场比赛都是实力相当的队伍对垒。②第 1 轮第 3 场比赛可以作为开幕式开幕战，因为 3—5 的实力比较接近，而第 7 轮的第 1 场 1—2 的比赛可以作为闭幕压轴，这在理论上是成立的。③全赛程高潮在第 2~4 轮，其中“2—4”“1—3”“5—4”实力相当；高潮在第 5~7 轮逐渐升高，其中“4—3”“3—2”“2—1”实力相当，比赛的可看性更强。经平衡统计，与前一轮轮空队赛次、第 1~5 场分配绝对平衡条件是一致的。

偶数队参赛时，并不存在这个问题。而且由于这种情况只有在参赛队数为大于 4 的奇数时发生，受到影响的是序号靠后、实力倒数第二的队。严格地说，也不能说是这个队“吃了亏”，只能说其他队（不是同一个队）占了一点儿便宜，因为在逐轮比赛的过程中确保了所有队（包括该队）在两场比赛之间得到了规则规定的足够休息时间。一般情况下，这个矛盾并不尖锐。1 号位固定不动、其他号位逐轮逆时针轮转一个位置的排序技术仍是循环赛竞赛方法的一种很好的编序技术。但这样的轮转方法不能完全适应比赛的具体要求，有时还要进行局部的调整。

（1）国际规程规定：如果在小组循环赛中取一名进入下一阶段的比赛，那么小组内 1—2 的比赛就相对重要；如果在小组循环赛中取两名进入下一阶段的比赛，那么小组内 2—3 的比赛就相对重要，以此类推。为了防止运动员或运动队之间为了某种原因而打假球，这样的比赛应提前到第一轮进行。

（2）在单项比赛中，由于某一单位报名参赛的运动员人（对）数超过所设的单循环小组数，在某个循环赛小组中，若同单位的运动员人（对）数大于 1，为了防止打假球，同一单位的参赛运动员之间的比赛应提前到第一轮中进行。

（3）有些比赛明确规定：上一轮的比赛成绩自动带到下一轮，当第二阶段的比赛也是循环赛时，已在第一轮中比赛过的运动员的场次必须去掉，填上成绩，而这些比赛也必须进行必要的调整。

（4）单数队循环赛及比其队数大 1 的双数队循环赛虽然比赛轮数相同，但单数队循环赛的场数较少。由于一般循环赛都是依据比赛的轮数来确定比赛进度的，有时组织者为了节约比赛的开支，会要求尽量增加单位时间比赛的场数。

▲例如，7 支队伍参加的单循环赛要求 3 天内打完，按比赛日切割，可以是第 1 天 2 轮，第 2 天 2 轮，第 3 天 3 轮；或第 1 天 3 轮，第 2 天 2 轮，第 3 天 2 轮；或第 1 天 2 轮，第 2 天 3 轮，第 3 天 2 轮。以第 1 天打 2 轮为例，如图 5-6 所示。

第 1 天		第 2 天		第 3 天		
（一）	（二）	（三）	（四）	（五）	（六）	（七）
1—0	1—7	1—6	1—5	1—4	1—3	1—2
2—7	0—6	7—5	6—4	5—3	4—2	3—0
3—6	2—5	0—4	7—3	6—2	5—0	4—7
4—5	3—4	2—3	0—2	7—0	6—7	5—6

图 5-6　7 支队伍 3 天内打完的单循环赛

各队在 3 个比赛日的每一天的比赛场数如表 5–4 所示。各队中除第 3 天轮空的 3、5、7 队，每天比赛的场数平均都是 2 场外，其他各队每天比赛的场数不平均，最多一天打 3 场，最少一天打 1 场（表 5–5、表 5–6）。

表 5–4　各队每天比赛场数（第 3 天 3 轮）

球队	第 1 天	第 2 天	第 3 天
1	1	2	3
2	2	1	3
3	2	2	2
4	2	1	3
5	2	2	2
6	1	2	3
7	2	2	2

表 5–5　各队每天比赛场数（第 1 天 3 轮）

球队	第 1 天	第 2 天	第 3 天
1	2	2	2
2	3	1	2
3	3	2	1
4	2	2	2
5	3	2	1
6	2	2	2
7	3	1	2

表 5–6　各队每天比赛场数（第 2 天 3 轮）

球队	第 1 天	第 2 天	第 3 天
1	1	3	2
2	2	2	2
3	2	3	1
4	2	2	2
5	2	3	1
6	1	3	2
7	2	2	2

因此，无论把 3 轮安排在第 1 天、第 2 天还是第 3 天都会发生同样的情况，

仅仅是拥有均匀比赛日程表的队不同而已。所以，虽然整个比赛的轮次进度相同，但各队在每个比赛日的实际比赛场数并不相同，要想让各队在每个比赛日的实际比赛场数相同，就必须打破轮的限制。

下面的方法可以使各队在每个比赛日都拥有比赛场数平均的比赛日程表（图 5-7、表 5-7）。

	第 1 天			第 2 天			第 3 天	
（一）	（二）	（三）	（三）	（四）	（五）	（五）	（六）	（七）
1—0	1—7	1—6		1—5	1—4		1—3	1—2
2—7	0—6		7—5	6—4		5—3	4—2	3—0
3—6	2—5		0—4	7—3	6—2		5—0	4—7
4—5	3—4		2—3	0—2	7—0		6—7	5—6

图 5-7　各队比赛日程安排

表 5-7　各队每天比赛场数

球队	第 1 天	第 2 天	第 3 天
1	2	2	2
2	2	2	2
3	2	2	2
4	2	2	2
5	2	2	2
6	2	2	2
7	2	2	2

这样的方法很简单，只要找到在前两轮和最后两轮中轮空的两个队，并将他们的比赛提前或推后，就可以使各队拥有每个比赛日均场数相同的日程表。但这样的安排会给组织者带来新的麻烦，因为每一轮只有一个队轮空，破轮之后，虽然各队每天的比赛场数相同，但运动员无法同时兼顾两轮的比赛。

▲例如，1—6 的比赛，虽然可以安排在第 1 天，但在第 1 轮中 6 有比赛，无法和 1 进行比赛，而在第 2 轮中 1 又有比赛，无法和 6 比赛，因此，1—6 的比赛必须另找时间进行。如果在其他时间可以安排 1—6 的比赛，就可以采用这种安排方法；如果不行，则必须将 1—6 的比赛安排在单独的时间，但这将会影响裁判员和场地工作人员的休息，开支也比较大，不宜采用。

此外，采用下列方法还可以使比赛实现最大限度的机会均等。

第一步，画比赛轮转表（图 5-8）。

（一）	（二）	（三）	（四）	（五）	（六）	（七）
1—0	1—7	1—6	1—5	1—4	1—3	1—2
2—7	0—6	7—5	6—4	5—3	4—2	3—0
3—6	2—5	0—4	7—3	6—2	5—0	4—7
4—5	3—4	2—3	0—2	7—0	6—7	5—6

图 5-8　比赛轮转表

第二步，调整比赛的轮次（图 5-9）。

第 1 天			第 2 天			第 3 天		
（一）	（二）	（三）	（三）	（四）	（五）	（五）	（六）	（七）
1—0	1—7	1—6		1—5	1—4		1—3	1—2
2—7	0—6		7—5	6—4		5—3	4—2	3—0
3—6	2—5		0—4	7—3	6—2		5—0	4—7
4—5	3—4		2—3	0—2	7—0		6—7	5—6

图 5-9　调整后的比赛轮转表

第三步，用 1 对 X 的比赛剔除轮空的场次（图 5-10）。

第 1 天			第 2 天			第 3 天			
（一）	（二）	（三）	（三）	（四）	（五）	（五）	（六）	（七）	
2—7	1—7		7—5	6—4		5—3	4—2	1—2	A 条件
3—6	2—5	1—6		7—3	6—2		1—3	4—7	B 条件
4—5	3—4		2—3	1—5	1—4		6—7	5—6	C 条件

图 5-10　剔除空场后的比赛轮转表

第四步，第 1~7 轮，每个队在各种条件下的比赛场数如表 5-8 所示。

表 5–8　每个队的比赛场数

球队	A 条件	B 条件	C 条件
1	2	2	2
2	3	2	1
3	1	3	2
4	2	1	3
5	2	1	3
6	1	3	2
7	3	2	1

第五步，调整第 1 轮的比赛位置。如上所述，3 和 6 在 A 条件下仅比赛一场，因此将 3—6 的比赛调到 A 条件下进行。4 和 5 在 B 条件下仅比赛一场，因此将 4—5 的比赛调到 B 条件下进行。2 和 7 在 C 条件下仅比赛一场，因此将 2—7 的比赛调到 C 条件下进行。调整后的比赛如图 5–11 所示。

	第 1 天			第 2 天			第 3 天		
（一）	（二）	（三）	（三）	（四）	（五）	（五）	（六）	（七）	
3—0	1—7		7—5	6—4		5—3	4—2	1—2	A 条件
4—5	2—5	1—6		7—3	6—2	1—3	4—7		B 条件
2—7	3—4		2—3	1—5	1—4	6—7	5—6		C 条件

图 5–11　第 1 轮调整后的比赛轮转表

统计如表 5–9 所示。

表 5–9　调整后每队的比赛场数

球队	A 条件	B 条件	C 条件
1	2	2	2
2	2	2	2
3	2	2	2
4	2	2	2
5	2	2	2
6	2	2	2
7	2	2	2

（5）在中国乒乓球俱乐部超级联赛比赛中实行主、客场制，进行主、客场制

最好的方法是实行双循环，以保证能有一个条件基本均等的赛制。但目前在乒乓球超级联赛中还未实现双循环赛制。因此，在单循环的比赛中如何能保证主、客场的基本均等也成为我们在编排上要考虑的问题。

▲例如，8 支队伍参加比赛，主客场基本实现均等的方法。

第一步，画好比赛轮转表（图 5-12）。

（一）	（二）	（三）	（四）	（五）	（六）	（七）
1—8	1—7	1—6	1—5	1—4	1—3	1—2
2—7	8—6	7—5	6—4	5—3	4—2	3—8
3—6	2—5	8—4	7—3	6—2	5—8	4—7
4—5	3—4	2—3	8—2	7—8	6—7	5—6

图 5-12　8 支队伍的比赛轮转表

第二步，观察轮转表可以发现，除 1 号外，每个比赛队的排列方式均呈“V”字形，即每个队均为逆时针轮转一个位置，如果设定单数轮在前面的队为主场，在后面的队为客场；双数轮在前面的队为客场，在后面的队为主场（表 5-10）。

表 5-10　各队主、客场场数统计表

球队	主场	客场
1	4	3
2	4	3
3	4	3
4	4	3
5	4	3
6	2	5
7	4	3
8	2	5

第三步，依据种子优先的方法，安排排名前 4 的队伍主场较多，故对 5—6 和 7—8 两场比赛进行调整（图 5-13）。

（一）	（二）	（三）	（四）	（五）	（六）	（七）
1—8	1—7	1—6	1—5	1—4	1—3	1—2
2—7	8—6	7—5	6—4	5—3	4—2	3—8
3—6	2—5	8—4	7—3	6—2	5—8	4—7
4—5	3—4	2—3	8—2	8—7	6—7	6—5

图 5-13　调整后的比赛轮转表

第四步，统计每个队主、客场数（表 5–11）。

表 5–11　各队、主客场数统计

球队	主场	客场
1	4	3
2	4	3
3	4	3
4	4	3
5	3	4
6	3	4
7	3	4
8	3	4

（二）单循环赛轮数和场数（次）的计算

轮数和场（次）数是进行编排的基本依据，必须计算准确。

（1）如果比赛只有一组，其计算方法如下。

轮数的计算：各队（人、对）普遍出场 1 次（场）为 1 轮。但队（人、对）数为奇数时，轮数 = 队（人、对）数；当队（人、对）数为偶数时，轮数 = 队（人、对）数 –1。

▲例如，7 个队参加比赛，轮数 =7；8 个队参加比赛轮数 =8–1=7。

场（次）数的计算：参加比赛的队伍中，每两队比赛 1 次为 1 次；参加比赛的人（队），每两人（队）比赛 1 次为 1 场。

场（次）数 = 人（队）数 ×［人（队）数 –1］/2

▲例如，7 个队和 8 个队参加比赛，比赛的轮数都是 7 轮，但由于 7 个队比赛时有轮空的场次，因此他们比赛的次数并不相同。

7 个队比赛：次数 =7 ×（7–1）/2=21 次

8 个队比赛：次数 =8 ×（8–1）/2=28 次

（2）如果采取分组单循环赛，且各组的队（人、对）数相同，轮数就等于一个小组的轮数；如果各组的队（人、对）数不同，轮数就等于组内队（人、对）数较多的一个小组的轮数。

▲例如，18 个队参加比赛，分 4 组进行循环赛，18/4=4 余 2，则 2 个小组中有 4 个队，比赛轮数为 4 轮；2 个小组中有 5 个队，比赛轮数为 5 轮，因此，分

组循环赛的轮数应按 5 轮计算。4 个队组的场（次）数 =4×（4–1）/2=6 次，这两组的比赛次数为 2×6=12 次；5 个队组的场（次）数 =5×（5–1）/2=10 次，这两组的比赛次数为 2×10=20 次。分组循环赛的总次数则为 12+20=32 次。

四、单循环名次的确定

循环赛计算名次的办法，无论是从理论上还是在实际计算中，都是一个相当复杂的问题。因为，在循环赛中，确定某队（运动员）在某一范畴（大循环或分组循环）的名次，不仅取决于该队（运动员）和该范围之内其他队（运动员）的胜负关系，还取决于其他队（运动员）之间的胜负关系。有时两个队（运动员）之间的比赛结果要关系到好几个队（运动员）的名次，从而构成一个较复杂的多边关系。而有的队（运动员）为了在第二阶段有一个较好的位置或让与自己关系好的队（运动员）出线，便利用这种复杂的相互制约的关系，不认真比赛甚至打假球来左右形势，达到目的。虽然这也是循环赛不可避免的弊病，但确定单循环赛的名次是单循环比赛中重要的一环，裁判长必须亲自抓好此项工作，出现任何偏差，都会影响整个比赛的进程，特别是那些要进行两个阶段的比赛。在第一阶段比赛结束之后应立即进行第二阶段比赛的抽签，一旦计算名次出现偏差，将会给组织者带来非常大的麻烦。

确定名次应按以下步骤进行。

（1）按积分确定名次，积分多者名次在前。积分按胜一次（场）得 2 分，负一次（场）得 1 分，未出场比赛或未完成比赛的场次得 0 分计算。

（2）如果有两个或两个以上的队（人）积分相同，他们的名次应按其比赛的成绩决定。首先，计算他们获得的积分，再根据需要计算某个队的场次（团体赛时）、局和分的胜负比率，直至算出名次为止。

场次比率 = 胜场数 / 负场数；

局数比率 = 胜局数 / 负局数；

分数比率 = 胜分数 / 负分数。

（3）如果在任何阶段已经决定出一个或更多小组成员的名次后，而其他小组成员仍然积分相同，为计算相同分数成员的名次，根据上述程序继续计算时，应将已决定出名次的小组成员的比赛成绩删除。

（4）如果按照上述 3 条所规定的程序，仍不能决定某些队（人）的名次时，这些队（人）的名次将由抽签来决定。

▲ 例如，有 6 个队参加男子团体比赛，其比赛成绩如表 5–12 所示。

表 5–12　男子团体赛成绩表

球队	甲	乙	丙	丁	戊	己	积分	胜负比率	名次
甲		3∶1	2∶3	3∶2	3∶2	2∶3	8		
乙	1∶3		3∶0	2∶3	2∶3	1∶3	6		6
丙	3∶2	0∶3		0∶3	3∶2	3∶2	8		
丁	2∶3	3∶2	3∶0		3∶1	2∶3	8		
戊	2∶3	3∶2	2∶3	1∶3		3∶1	7		5
己	3∶2	3∶1	2∶3	3∶2	1∶3		8		

甲、丙、丁、己 4 个队的积分相同，为前 4 名，戊队积 7 分为第 5 名，乙队积 6 分为第 6 名，根据规则规定去除已确定名次的队的成绩，再计算积分相同队的名次如表 5–13 所示。

表 5–13　前 4 名成绩统计

球队	甲	丙	丁	己	积分	胜负比率	名次
甲		2∶3	3∶2	2∶3	4		
丙	3∶2		0∶3	3∶2	5		
丁	2∶3	3∶0		2∶3	4		
己	3∶2	2∶3	3∶2		5		

甲、丁两队积分相同，丙、己两队积分相同，且丙、己两队的积分大于甲、丁两队的积分。去除积分不同队的成绩，如表 5–14、表 5–15 所示。

丙队的积分大于己队，为第 1 名，己队为第 2 名（表 5–14）。

表 5–14　第 1、2 名成绩统计

球队	丙	己	积分	胜负比率	名次
丙		3∶2	2		1
己	2∶3		1		2

甲队的积分大于丁队，为第 3 名，丁队为第 4 名（表 5–15）。

表 5–15　第 3、4 名成绩统计

球队	甲	丁	积分	胜负比率	名次
甲		3 : 2	2		3
丁	2 : 3		1		4

最终的比赛成绩如表 5–16 所示。

表 5–16　最终比赛成绩

球队	甲	乙	丙	丁	戊	己	积分	胜负比率	名次
甲		3 : 1	2 : 3	3 : 2	3 : 2	2 : 3	8		3
乙	1 : 3		3 : 0	2 : 3	2 : 3	1 : 3	6		6
丙	3 : 2	0 : 3		0 : 3	3 : 2	3 : 2	8		1
丁	2 : 3	3 : 2	3 : 0		3 : 1	2 : 3	8		4
戊	2 : 3	3 : 2	2 : 3	1 : 3		3 : 1	7		5
己	3 : 2	3 : 1	2 : 3	3 : 2	1 : 3		8		2

▲例如，一个小组有 3 个队进行单循环比赛，比赛的成绩如表 5–17 所示。

表 5–17　3 个队单循环比赛成绩

球队	甲	丙	丁	积分	胜负比率	名次
甲		2 : 3	3 : 2	3	1.00	2
丙	3 : 2		0 : 3	3	0.60	3
丁	2 : 3	3 : 0		3	1.67	1

甲、乙、丙三队的积分完全相同，根据规则计算他们之间的场数比率。

甲 =（2+3）/（3+2）=5/5=1.00

丙 =（3+0）/（2+3）=3/5=0.60

丁 =（2+3）/（3+0）=5/3=1.67

因为 1.67 ＞ 1.00 ＞ 0.60，所以丁为第 1 名，甲为第 2 名，丙为第 3 名。

▲例如，一个小组中有 5 个队进行单循环赛，比赛成绩如表 5–18 所示。

表 5–18　5 个队单循环比赛成绩

球队	甲	乙	丙	丁	戊	积分	胜负比率	名次
甲		2∶3	3∶2	0∶3	3∶0	6		
乙	3∶2		2∶3	0∶3	3∶0	6		
丙	2∶3	3∶2		0∶3	3∶0	6		
丁	3∶0	3∶0	3∶0		3∶0	8		1
戊	0∶3	0∶3	0∶3	0∶3		4		5

丁、戊的积分与甲、乙、丙 3 个队的积分不同，可以直接计算出比赛的名次。丁的积分最高，为第 1 名；戊的积分最低，为第 5 名。甲、乙、丙 3 个队的总分相同，应首先计算他们的积分（表 5–19）。

表 5–19　甲、乙、丙成绩统计

球队	甲	乙	丙	积分	胜负比率	名次
甲		2∶3	3∶2	3		
乙	3∶2		2∶3	3		
丙	2∶3	3∶2		3		

甲、乙、丙 3 个队的积分仍然相同，均为 3，必须再计算他们的场数胜负比率，并依据场数胜负比率由大到小排列名次。场数胜负比率 = 胜场数 / 负场数。

甲 =（2+3）/（3+2）=5/5=1

乙 =（3+2）/（2+3）=5/5=1

丙 =（2+3）/（3+2）=5/5=1

由于他们的场数胜负比率依然相同，所以必须计算他们的局胜负比率。由于公布的成绩表中很难写下有关比赛结果的全部比赛信息，因此，比赛的原始单据必须按比赛时间或比赛的小组存放好，以便在计算名次时查阅。

甲、乙、丙 3 个队的比赛记分单如图 5–14 所示。

团体赛记分单

协会乙　　VS　　协会丙

场次号	组别项目	阶段	组号	轮次	日期	时间	台号	开始时间	结束时间
11004	男子团体	1	A	2	4.24	10:00	1		

ABC 协会乙			成绩记录							XYZ 协会丙		
			局分	比分					局分			
场序	运动员	记录		1	2	3	4	5		记录	运动员	场序
A	白杨		1	11:9	9:11	8:11	8:11	:	3		马腾	X
B	赵斌		3	7:11	11:8	11:9	11:8	:	1		王朝	Y
C	梁晓		1	6:11	8:11	11:9	10:12	:	3		金星	Z
A	白杨		1	11:9	11:8	11:13	11:9	:	3		王朝	Y
B	赵斌		1	11:9	9:11	9:11	9:11	:	3		马腾	X
队长/教练			2		比赛结果			3			队长/教练	
协会乙					获胜运动队			V	协会丙			

比赛结果为2：3，丙队获胜。

团体赛记分单

协会甲　　VS　　协会丙

场次号	组别项目	阶段	组号	轮次	日期	时间	台号	开始时间	结束时间
11007	男子团体	1	A	4	4.25	10:00	1		

ABC 协会甲			成绩记录							XYZ 协会丙		
			局分	比分					局分			
场序	运动员	记录		1	2	3	4	5		记录	运动员	场序
A	刘宁		1	11:8	8:11	7:11	8:11	:	3		马腾	X
B	冯伟		3	6:11	11:9	11:9	11:9	:	1		王朝	Y
C	马晓晨		1	8:11	11:9	9:11	10:12	:	3		金星	Z
A	刘宁		3	9:11	13:11	14:12	11:7	:	1		王朝	Y
B	冯伟		3	13:11	8:11	11:9	11:9	:	1		马腾	X
队长/教练			3		比赛结果			2			队长/教练	
协会甲			V		获胜运动队				协会丙			

比赛结果为3：2，甲队获胜。

协会甲　　VS　　协会乙

场次号	组别项目	阶段	组号	轮次	日期	时间	台号	开始时间	结束时间
11009	男子团体	1	A	5	4.26	10:00	1		

ABC 协会甲			成绩记录							XYZ 协会乙		
			局分	比分					局分			
场序	运动员	记录		1	2	3	4	5		记录	运动员	场序
A	刘宁		3	8:11	11:8	11:9	11:8	:	1		白杨	X
B	冯伟		1	11:8	9:11	7:11	9:11	:	3		赵斌	Y
C	马晓晨		1	8:11	7:11	11:9	9:11	:	3		梁晓	Z
A	刘宁		3	11:9	11:13	11:9	11:9	:	1		白杨	Y
B	冯伟		1	9:11	11:9	11:13	7:11	:	3		赵斌	X
队长/教练			2		比赛结果			3				队长/教练
协会甲					获胜运动队			V	协会乙			

比赛结果为 2 ： 3，乙队获胜。

图 5–14　甲、乙、丙 3 个队的比赛记分单

根据甲、乙、丙 3 队的比赛结果，计算他们的局胜负比率，然后依据局胜负比率由大到小排列名次。

局胜负比率的计算公式为：局胜负比率 = 胜局数 / 负局数。

- 甲 =(11+8+7+8+6+11+11+11+8+11+9+10+9+13+14+11+13+8+11+11+8+11+11+11+11+9+7+9+8+7+11+9+11+11+11+11+9+11+11+7)/(8+11+11+11+11+9+9+9+11+9+11+12+11+11+12+7+11+11+9+9+11+8+9+8+8+11+11+11+11+11+9+11+9+13+9+9+11+9+13+11)=395/406 ≈ 0.97
- 乙 =(11+9+8+8+7+11+11+11+6+8+11+10+11+11+11+11+11+9+9+9+11+8+9+8+8+11+11+11+11+11+9+11+9+13+9+9+11+9+13+11)/(9+11+11+11+11+8+9+8+11+11+9+12+9+8+13+9+9+11+11+11+8+11+11+11+11+9+7+9+8+7+11+9+11+11+11+11+9+11+11+7) =396/396=1.00
- 丙 =（9+11+11+11+11+8+9+8+11+11+9+12+9+8+13+9+9+11+11+11+8+11+11+11+11+9+9+9+11+9+11+12+11+11+12+7+11+11+9+9）/（11+9+8+8+7+11+11+11+6+8+11+10+11+11+11+11+11+9+9+9+11+8+7+8+6+11+11+11+8+11+9+10+9+13+14+ 11+13+8+11+11）=405/394 ≈ 1.03

因为 1.03 ＞ 1.00 ＞ 0.97，所以甲、乙、丙的名次为丙第 2 名、乙第 3 名、甲第 4 名。

在计算分胜负比率时，特别是在计算团体比赛分胜负比率时，由于分数较多很容易发生计算错误，因此在计算时除了要非常仔细以外，还必须通过规律及时发现错误。由于每场比赛都在两者之间进行，而且必然有胜负，每场球的分数必然会在两个队的分子或分母中各出现一次。

▲例如，场次号 11004，乙对丙的比赛，总分为 193 和 202；场次号 11007，甲对丙的比赛，总分为 201 和 203；场次号 11009，甲对乙的比赛，总分为 194 和 203，因此将两场球的总分数相加。

甲 =（201+194）/（203+203）=395/406 ≈ 0.97

乙 =（193+203）/（202+194）=396/396=1.00

丙 =（200+203）/（193+201）=405/394 ≈ 1.03

如果在计算时没有发现类似的规律，就有可能在某个环节上出现了问题，必须重新计算，比赛成绩的计算结果如表 5–20 所示。

表 5–20　比赛成绩汇总

球队	甲	乙	丙	丁	戊	积分	胜负比率	名次
甲		2∶3	3∶2	0∶3	3∶0	6–3	0.97	4
乙	3∶2		2∶3	0∶3	3∶0	6–3	1.01	3
丙	2∶3	3∶2		0∶3	3∶0	6–3	1.02	2
丁	3∶0	3∶0	3∶0		3∶0	8		1
戊	0∶3	0∶3	0∶3	0∶3		4		5

第二节　淘汰赛

一、定义

淘汰赛是乒乓球竞赛的一种基本比赛办法，是指将所有参加比赛的运动员（队）编排成一定的比赛次序，由相邻的两名运动员（队）进行比赛，败者淘汰，胜者进入下一轮比赛，直到剩下最后一名运动员（队），就是本次比赛的冠军。

优点：

（1）比赛双方具有强烈的对抗性，没有妥协的可能，不受第三者的影响或对第三者产生影响，非胜即败，败一次即失去了继续比赛的权利。

（2）可容纳较多的运动员（队）参加比赛，需要的时间短、场地少。

（3）比赛逐步走向高潮，并在最高潮——决赛后结束整个比赛。

缺点：大部分运动员（队）的比赛场次少、机遇性强、名次的合理性差。

二、淘汰赛的抽签

（一）单循环号码位置数的选择

为保证除第一轮之外，每一轮的比赛运动员人（对）数都是 2 的 n 次幂，就必须让第一轮的位置数为 2^n，因此，第一轮的位置数应为大于报名人（对）数的最小的 2^n，多余部分用轮空来补足。

▲例如，30 人参加比赛，单淘汰赛的号码位置数应选择 32（2^5）；50 人参加比赛，单淘汰赛的号码位置数应选择 64（2^6）。

（二）单淘汰赛轮数和场数的计算

如果参赛运动员的人（对）数为 R，而号码位置数为 2^n，则单淘汰赛的轮数等于 n，场数等于 $R-1$。

▲例如，30 人参加比赛时，$R=30$，号码位置数为 32（2^5），轮数 =5，场数 =30–1。

（三）轮空、轮空数与轮空位置

轮空是指在单淘汰赛的第一轮，由于在大多数情况下参赛人数不等于 2^n，要想保证除第一轮外，每轮比赛的人（对）数均为偶数的话，就必须补足位置，使第一轮的位置数刚好等于 2^n，补足的虚设参赛运动员。虚设的参赛运动员的数量就是轮空数。

轮空数 = 号码位置数 – 参赛运动员数。

▲例如，30 人参加比赛，轮空数 =32–30=2。

轮空位置是指虚设参赛运动员的号码。轮空位置应均匀分布，各区之间的差值不得大于 1。比赛前可从轮空位置表上查出所需要的轮空位置（表 5–21）。

表 5-21 轮空位置表

2	255	130	127	66	191	194	63
34	223	162	95	68	159	226	31
18	239	146	111	82	175	210	47
50	207	178	79	114	143	242	15
10	247	138	119	74	183	202	55
42	215	170	87	106	151	234	23
26	231	154	103	90	167	218	39
58	199	186	71	122	135	250	7
6	251	134	123	70	187	198	59
38	219	166	91	102	155	230	27
22	235	150	107	86	171	214	43
54	203	182	75	118	139	246	11
14	243	142	115	78	179	206	51
46	211	174	83	110	147	238	19
30	227	158	99	94	163	222	35
62	195	190	67	126	131	254	3

查表方法：首先确定号码位置数和轮空数，然后按照轮空数，依次从左到右选出小于比赛位置数的号码，即为轮空号码。

▲例如，50 人参加比赛，应选择 64 为号码位置数，轮空数 =64–50=14，即有 14 个轮空位置，查表得 2、63、34、31、18、47、50、15、10、55、42、23、26、39 位为轮空位置。

（四）抢号

在淘汰赛中，由于参赛人数为稍大于 2 的某个乘方数，采用安排轮空的方法会很麻烦，可采用抢号的方法进行编排。抢号的方法是选用最接近的、较小的 2 的乘方数作为号码位置数，超过号码位置数的参赛者（队）安排抢号。抢号的运动员，实际上就是不轮空的运动员。抢号的号码可查轮空位置表。

（五）种子、种子位置

种子是指为了部分克服单淘汰名次的不合理性，一般在抽签前根据一定的原则确定一些参赛运动员为强手，在抽签时按照规则将他们分开，尽量使其稍晚些相遇，而最强的两位运动员最后相遇。

种子位置是指种子所在的号码位置。种子位置的分布应是均匀的，各区之间的差值不得大于 1。比赛前可从种子位置表上查出所需要的种子位置（表 5–22）。

表 5–22 种子位置表

1	256	129	128	65	192	193	64
33	224	161	96	97	160	225	32
17	240	145	112	81	176	209	48
49	208	177	80	113	144	241	16
9	248	137	120	73	184	201	56
41	216	169	88	105	152	233	24
25	232	153	104	89	168	217	40
57	200	185	72	121	136	249	8

按比赛所设的种子数目，依次逐行从左到右选出小于或等于比赛号码位置数的号码，即为种子位置号码。

▲例如，50 人参加比赛，号码位置数为 64，比赛设 8 名种子，种子位置依次为 1、64、33、32、17、48、49、16。

从种子位置表和轮空位置表可以发现轮空位置正好在种子位置的旁边（如果轮空数不大于种子数时），这是因为种子运动员有优先轮空的资格，因此，知道其中一种就很容易找到另外一种。

（六）抽签的方法和步骤

（1）核对报名单。

（2）计算轮空数，查表确定轮空位置。

（3）确定种子名单，查表确定种子位置。

（4）填写抽签平衡控制表。

（5）从号码中找出轮空号码，并分批与种子名单一起放好。

（6）从号签中找到种子号码，并分批与种子名单一起放好。

（7）种子分批抽签，直接定位。

（8）非种子运动员进入 1/4 区或 1/2 区。

（9）非种子运动员定位。

（七）抽签的原理

单淘汰赛的抽签并不是没有原则的随机抽签，在确定了某个号码位置以后，每个上、下半区，各个 1/4 区、1/8 区可以容纳的运动员数是固定的，而且基本上是平均分布的，各区之间的差数不得超过 1。因此，抽签时如果不进行控制，任其自由进区，当某一个区的位置全满后，同队运动员就不能按照规则的要求被均匀地抽入不同的区域。如果不遵守抽签原则，就会造成抽签失败。而过多的、不必要的、不应该的控制，又会导致抽签不合理，甚至失去意义。所以，抽签的过程绝不是盲目的，而应该是科学的、有预见性的。科学性和预见性表现在，在抽签前预见到抽签的大致进程和大致的结果，从而将受控制的面控制在最小，受控制的对象应该是各单位技术序号排在最后的运动员，各单位无论抽签先后，受控制的机会基本相等，而且在进行控制时仍有机遇，不完全是人为的安排。为了实现抽签过程的预见性和科学性，就必须在抽签前对所有的参赛队和参赛运动员进行区分，这种区分不仅仅是区分种子运动员和非种子运动员，而应是对参加比赛的全体运动员，有了这种区分，负责抽签的裁判长能够更好地认识并运用抽签过程的规律性，正确处理抽签的“机遇”和“控制”这一对矛盾。

（八）对所有参赛运动员进行区分的方法

单淘汰赛是乒乓球单项比赛的主要方法，通常我们进行抽签时采取 1/4 区抽签方法或 1/2 区抽签方法。

（1）采用 1/2 区抽签区分参赛运动员（对）的方法和抽签控制。如果采取 1/2 区抽签方法，所有的参赛队无论有多少名（对）运动员参加比赛，都可以将他们区分为单数运动员（对）的参赛队或双数运动员（对）的参赛队。采取 1/2 区抽签时，双数运动员（对）的参赛队的运动员可以平均分配到各个 1/2 区内，而单数运动员（对）的参赛队的运动员则不能被平均分配到各个 1/2 区内，排名最后的运动员就是“整队”，其运动员数一定为 $2n$，在抽签时所有运动员（对）都不需要控制。而有单数运动员（对）参赛的运动队就是“口队”，其运动员数一定是 $2n+1$，对抽签时排名最后的运动员必须进行控制。抽签的控制方法为：当某个 1/2 区的机动数为“0”时，有单数运动员（对）参赛的参赛队排名最后的运动员（对）就不能抽入该单数运动员（对）参赛的运动队，除排名最后的运动员（对）外的所有运动员（对）均不需要控制，可随意进行抽签。

（2）采用 1/4 区抽签区分参赛运动员（对）的方法。如果采取 1/4 区抽签方法，所有参赛队无论有多少运动员（对）参赛，都可以将他们区分为 4 种类型的参赛队。

①若报名参加比赛的运动队的参赛运动员（对）数除以 4 后为整数，我们称这种参赛队为“整队”，其参赛运动员（对）数一定是 $4n$。抽签时所有的运动员（对）都能被均匀地分到不同的 1/4 区，所有参赛运动员（对）都不需要被控制。

②若报名参加比赛的运动队的参赛运动员（对）数除以 4 后余 1，我们称这种参赛队为“口队”，其参赛运动员（对）数一定是 $4n+1$。抽签时由于无论如何分配都会有 1 名运动员（对）不能被均匀地分配到各个 1/4 区，因此，排名最后的运动员（对）在抽签时需要被控制。

③若报名参加比赛的运动队的参赛运动员（对）数除以 4 后余 2，我们称这种参赛队为“吕队”，其参赛运动员（对）数一定是 $4n+2$。抽签时由于无论如何分配都会有 2 名运动员（对）不能被均匀地分配到各个 1/4 区，因此，排名最后的 2 名运动员（对）在抽签时需要被控制。

④若报名参加比赛的运动队的参赛运动员（对）数除以 4 后余 3，我们称这种参赛队为“品队”，其参赛运动员（对）数一定是 $4n+3$。抽签时由于无论如何分配都会有 3 名运动员（对）不能被均匀地分配到各个 1/4 区，因此，排名最后的 3 名运动员（对）在抽签时需要被控制。

因此，上述 4 种类型的参赛队的参赛运动员（对）实际上可以被分为两类（4 名以内参赛运动员的参赛队除外）。一类参赛运动员（对）是在本单位中排名靠前的参赛运动员（对），即包含在 $4n$ 中的参赛运动员（对），在抽签时他们必须被平均地抽入不同的 1/4 区内，n 为每个 1/4 区内应有的参赛运动员（对）数，这类参赛运动员（对）在每个 1/4 内的位置是在抽签前即被预留的。因此，在任何情况下都不需要控制，以便保证其完全的随机性，通常我们把这类运动员称为“R”型运动员。另一类参赛运动员（对）是那些各单位中排名较后的、包含在余数中的参赛运动员（对），在抽签时，他们在适当的时候必须受到一定的控制，才能确保抽签符合《乒乓球国际竞赛规程》的有关规定，当各个 1/4 区有足够的机动数时，抽签也可保持完全的“机遇”，无需“控制”。而当某一个 1/4 区的机动数减少到某种限度时，就需要对抽签进行相应的控制，通常把这类参赛运动员（对）称为“S”型运动员。

依据“S”型运动员所在参赛队的类型不同，又将其进一步区分成“R–S”型运动员和“S–S”型运动员。“R–S”型运动员是指“吕队”的参赛运动员（对）中排名最后的2名运动员和“品队”的参赛运动员（对）中排名最后的3名运动员（对）中的2名运动员（对）。由于在抽签时一定是在上、下半区各有1名（对）运动员，因此，抽签时实际上已经为他们在每个半区预留了空位，但在1/4区没有为他们预留空位。所以，每当抽入1名（对）“R–S”型运动员时，该1/4区的机动数必须减1，但该1/4区所在的1/2区的机动数不变。“S–S”型运动员是指“口队”的参赛运动员（对）中排名最后的1名运动员和“品队”的参赛运动员（对）中排名最后的3名运动员（对）中的另1名运动员（对），由于抽签时他们的1/2区和1/4区均未确定，因此，在1/2区和1/4区均未给他们预留空位。所以，每当抽入1名（对）“S–S”型运动员时，该1/2区和该1/4的机动数都必须减1（表5–23）。

表5–23　对运动员进行区分

运动员人（对）数	队的类型	“R”型运动员数	“S”型运动员数
1	口队	0	1
2	吕队	0	2
3	品队	0	3
4	整队	4	0
5	口队	4	1
6	吕队	4	2
7	品队	4	3
8	整队	8	0
9	口队	8	1
10	吕队	8	2
11	品队	8	3
12	整队	12	0

▲例如，54人参加男子单打比赛，报名情况如下。A队5人、B队6人、C队4人、D队3人、E队2人、F队7人、G队4人、H队5人、I队7人、L队3人、M队6人、N队2人。规程规定，单项比赛进行单淘汰赛。1/4平衡控制表如表5–24所示。

表 5–24 1/4 平衡控制表

1/2区	1/4区	1	2	3	4	5	6	7	8	9	10	11	12	1/4区				1/2区			
		A 5	B 6	C 4	D 3	E 2	F 7	G 4	H 5	I 7	L 3	M 6	N 2	位置数	轮空数	固定数	机动数	位置数	轮空数	固定数	机动数
1	1	○	○	○			○	○	○	○		○		16	3	8	5	32	5	24	3
			●		●	●	●			●	●	●	●								
	2	○	○	○			○	○	○	○		○		16	2	8	6				
		●			●		●		●	●	●										
2	3	○	○	○			○	○	○	○		○		16	2	8	6	32	5	24	3
			●		●	●	●			●	●	●	●								
		○	○	○			○	○	○	○		○		16	3	8	5				

由此可见，1/2 区和 1/4 区都包含位置数、轮空数、固定数和机动数。

位置数是指该区共有多少个位置，由于本实例的号码位置数为 64，64/2=32，所以每个 1/2 区的位置数为 32。每个 1/4 区的位置数为 64/4=16，所以每个 1/4 区的位置数为 16。

固定数是指各个参赛队被包含在 4*n* 中的参赛运动员（对），1/4 区的固定数等于该区内的所有参赛运动员（对）数，他们的位置已经在抽签前被预留。由于 A、B、C、F、G、H、I、M 队每队在每个 1/4 区各有一个预留位置，因此，每个 1/4 区的固定数均为 8。而 1/2 区的固定数等于该区两个 1/4 区的机动数加上可能被抽入该区的“R–S”型运动员数，由于 B、D、E、F、I、L、M、N 队各有一个“R–S”型运动员，共 8 个，所以，每个 1/2 区的固定数为 2×8+8=24，即每个 1/2 区都有 24 个位置在抽签前被预留。

轮空数是指在每个 1/2 区和 1/4 区虚设的参赛运动员的数量，每个轮空的位置经查表确定，确定后要根据每个 1/2 区和 1/4 区所包含的位置确定每个 1/2 区和 1/4 区的轮空数。

▲例如，本实例中有 54 名运动员参加比赛，64–54=10，所以共有 10 个轮空，根据轮空位置的确定方法查表得出 2、10、15、18、31、34、47、50、59、63 位为轮空位置。由于 1~16 号为第 1 个 1/4 区、17~32 号为第 2 个 1/4 区、33~48 号为第 3 个 1/4 区、49~64 号为第 4 个 1/4 区，因此，第 1 个 1/4 区的轮空数为 3，第 2 个 1/4 区的轮空数为 2，第 3 个 1/4 区的轮空数为 2，第 4 个 1/4 区的轮空数为 3。

机动数为各个 1/2 区或 1/4 区位置数减去固定数再减去轮空数。机动数是指那些在抽签前没有在 1/2 区或 1/4 区预留位置，但有可能被抽入该 1/2 区或 1/4 区的参赛运动员（对）的数量。当一个区的机动数为 0 时，这些参赛运动员（对）将不能被抽入该区，否则将会出现抽签结果不符合抽签原则的现象。

因此，为保证抽签结果符合国际乒联的有关规定，在抽签的过程中，必须实行有效的控制。

（3）采取1/4区抽签时不同类型运动员的控制方法。无论是“口队”“吕队”，还是“品队”，排名靠后的“R–S”或“S–S”型运动员，由于抽签前在某个1/4区内没有为他们预留位置。因此，在抽签时必须采取有效的控制，但何时对何种类型的运动员进行控制，则反映了主持抽签的裁判长的抽签水平。因为其必须把握好一个度，如果应该控制的未被控制，就会造成抽签结果不符合国际乒联的有关规定；如果不该控制的被控制了，虽然降低了抽签的难度，但不能保证所有参赛运动员（对）都有一个公平的机会。中国第一位国际裁判长程嘉炎曾用一个数学公式很好地解决了这个问题。

$$L \leqslant \min(a, b, e) + \min(c, d, f)$$

其中L代表“品队”的队数，$\min(a, b, e)$代表上半区（e）、第1个1/4区（a）和第2个1/4区（b）的机动数中的最小值，$\min(c, d, f)$代表下半区（f）、第3个1/4区（c）和第4个1/4区（d）的最小值。本实例中报名的“口队”为A、H队，“吕队”为B、E、M、N队，“品队”为D、F、I、L队，a=5，b=6，c=6，d=5，e=3，f=3，

所以，$4 \leqslant \min(5, 6, 3)+\min(6, 5, 3)$，即$4 \leqslant 3+3$。

①抽“口队”时，排名最后的受控制队员是“S–S”型运动员，无论他们被抽入哪个1/4区，这个1/4区和这个1/4区所在的1/2区的机动数均要减1。由于需要减1的1/2区和1/4区一起计算最小值，所以，公式右侧可能减1，也可能不减1，但绝不可能减2，因此，如果公式的右侧大于左侧，在抽“口队”时就不需要控制。但如果公式的左侧等于公式的右侧，就必须对其插入的位置进行控制，不能让右侧的最小值减小，否则抽签就会失败。

②抽“吕队”时，排名最后的受控制队员是“R–S”型运动员，无论他们被抽入哪个1/4区，这个1/4区的机动数均要减1，但由于在抽签前他们所在的1/2区已经为他们预留了位置，所以1/2区的机动数不必减1。但由于他们被抽入的1/4区一定分布在不同的1/2区，公式右侧可能出现减2、减1或不减少3种情况。因此，如果公式的右侧比公式的左侧大2以上，在抽“吕队”时就不需要控制。如果公式的右侧比公式的左侧大1，在抽“吕队”时必须一个参赛队员一个参赛队员地抽。如果第一个参赛队员被抽入的1/4区，不是最小值所在的区域，也就是说，公式的右侧不减小，那么第二名参赛队员就可以随机被抽入另外一个半区

的任何一个1/4区。反之，第一个被抽入的参赛队员被抽入了最小值所在的1/4区,在抽第二个参赛队时就必须对其进行控制,使其不能进入最小值所在的1/4区。如果公式的左侧等于公式的右侧，就必须对其抽入的位置进行控制，不能让右侧的最小值减小，否则抽签就会失败。如果两个1/2区机动制的最小值均是1/2区的机动数，由于抽“吕队”时，不会涉及1/2区的机动数，因此在任何情况下都不用进行控制。

③抽“品队”时，由于目前的规则已取消一个队中技术实力排名第2的运动员必须与排名第3的运动员在一个半区的规定，在“R–S”型运动员抽签时，与“吕队”的“R–S”型运动员一样，无论被抽入哪个1/4区，这个1/4区的机动数均要减1，但由于在抽签前他们所在的1/2区已经为他们预留了位置，所以1/2区的机动数不必减1。公式右侧可能出现减2、减1或不减少3种情况。在抽另外一名运动员时，由于其是“S–S”型运动员，无论其被抽入哪个1/4区，这个1/4区和这个1/4区所在的1/2区的机动数均要减1，由于3名参赛运动员必须被抽入不同的1/4区，这名运动员必定与另外2名运动员中的1名在同一1/2区的不同1/4区，而这2名参赛运动员所在的1/2区的最小值必定要减1，也只能减1。但由于抽“品队”时，公式的左侧也要减1，因此，如果公式的右侧大于公式的左侧，在抽“品队”时就不需要控制；但如果公式的左侧等于公式的右侧，就必须对只有1名参赛运动员的区进行控制，使其抽入的不是机动数最小值的1/4区，以不使右侧的最小值减小，否则抽签就会失败。但如果该区的最小值是1/2区的机动数则不需要控制。

综上所述，当右侧≥左侧+2，任何队抽签时都不需要控制。当右侧=左侧+1时，抽“口队”和“品队”时不必控制；抽“吕队”时，公式右侧不能减2，即不能将他们同时抽入上、下半区的机动数均为最小值的1/4区。当右侧=左侧时，抽“口队”时，1/2区和1/4的机动数均不能减1，即不能抽入机动数为最小值的1/2区和1/4区；抽“吕队”时，1/4的机动数均不能减1，即不能抽入机动数为最小值的1/4区；抽“品队”时，只有1名参赛运动员的1/4区的机动数不能减1，即不能抽入机动数为最小值的1/4区。

$L+2=\min(a, b, e)+\min(c, d, f)$ 时，抽签无需任何控制。

$L+1=\min(a, b, e)+\min(c, d, f)$ 时，需要控制“吕队”。

$L=\min(a, b, e)+\min(c, d, f)$ 时，“口队”“吕队”“品队”均需被控制。

▲例如，25人参加“×××乒乓球邀请赛”的男子单打比赛。报名情况

为北京队 6 人，上海队 5 人，广东队 4 人，河南 4 人，福建队 3 人，广西队 2 人，四川队 1 人。

• 经核对，报名单准确无误，号码位置数为 32。

• 轮空数 32–25=7，轮空位置为 2、31、18、15、10、23、26。

• 确定种子名单为：1 号种子，北京队 1 号；2 号种子，上海队 1 号；3 号和 4 号种子分别为北京队 2 号和福建队 1 号。种子位置为 1、32、17、16。

• 平衡控制表如表 5–25 所示（以 1/2 区控制为例）。

表 5–25　1/2 区平衡控制表

1/2 区	1	2	3	4	5	6	7	1/2 区			
	北京 6	上海 5	广东 4	河南 4	福建 3	广西 2	四川 1	位置数	轮空数	固定数	机动数
1	○ ○ ○	○ ○	○ ○	○ ○	○	○		16	3	11	2
		●			●		●				
2	○ ○ ○	○ ○	○ ○	○ ○	○	○		16	4	11	2

• 从号签中取出轮空的 2、31、18、15、10、23、26 位置号。

• 从号签中取出为种子的 1、32、17、16 位置号，并与种子名签放在一起。

• 直接定位种子运动员：北京队 1 号直接进入 1 号位；上海队 1 号直接进入 32 号位；3 号和 4 号种子，由于北京队 1 号已在上半区，所以北京队 2 号只能在下半区，下半区的种子号位是 17，故福建队 1 号只能进入 16 号位。抽签结果如下。

1　北京队 1 号	16　福建队 1 号
17　北京队 2 号	32 上海队 1 号

• 非种子运动员进区，先抽北京队，北京队 3 号在下半区，北京队 4 号在上半区，北京队 5 号在上半区，北京队 6 号在下半区，以此类推，直到最后一个队，如表 5–26 所示。

表 5–26 非种子队员 1/2 区平衡控制表

1/2 区	1	2	3	4	5	6	7	1/2 区			
	北京 6	上海 5	广东 4	河南 4	福建 3	广西 2	四川 1	位置数	轮空数	固定数	机动数
1	① ④ ⑤	② ④	① ④	② ③	①	②		16	3	11	~~2~~ ~~1~~ 0
2	② ③ ⑥	① ③	② ③	① ④	②	①		16	4	11	~~1~~ 0

• 非种子抽签决定 1/4 区，北京队 1 号在 1/4 区，北京队 4 号只能在 2/4 区，北京队 5 号抽入 2/4 区，以此类推，直到抽完，结果如表 5–27 所示。

表 5–27 非种子抽签决定 1/4 区

1/2 区	1	2	3	4	5	6	7	1/2 区			
	北京 6	上海 5	广东 4	河南 4	福建 3	广西 2	四川 1	位置数	轮空数	固定数	机动数
1	① ④ ⑤	② ④ ⑤	① ④	② ③	① ③	②		16	3	11	~~2~~ ~~1~~ 0
2	② ③ ⑥	① ③	② ③	① ④	②	①	①	16	4	11	~~1~~ 0

• 抽签定位非种子运动员。1/4 区包括 1—8 号位，1 号位为北京队 1 号，2 号位为轮空位置。由于上海队 5 号和上海队 2 号同在 1/4 区，必须把他们分在不同的 1/8 区。1/8 区包括 3 号位和 4 号位，2/8 区包括 5—8 号位，抽签结果为上海队 5 号在 3 号位，上海队 2 号在 8 号位，以此类推，直到全部抽签结束，结果如表 5–28 所示。

表 5-28 非种子运动员抽签定位

1/4区	1	2	3	4	5	6	7	1/2 区			
	北京 6	上海 5	广东 4	河南 4	福建 3	广西 2	四川 1	位置数	轮空数	固定数	机动数
1	①	②⑤	①	②	③	②		8	1	7	
2	④⑤	④	④	③	①			8	2	6	
3	②⑥	③	②	①		①		8	2	6	
4	③	①	③	④	②		①	8	2	6	

最终确定的男子单打秩序表如图 5-15 所示。

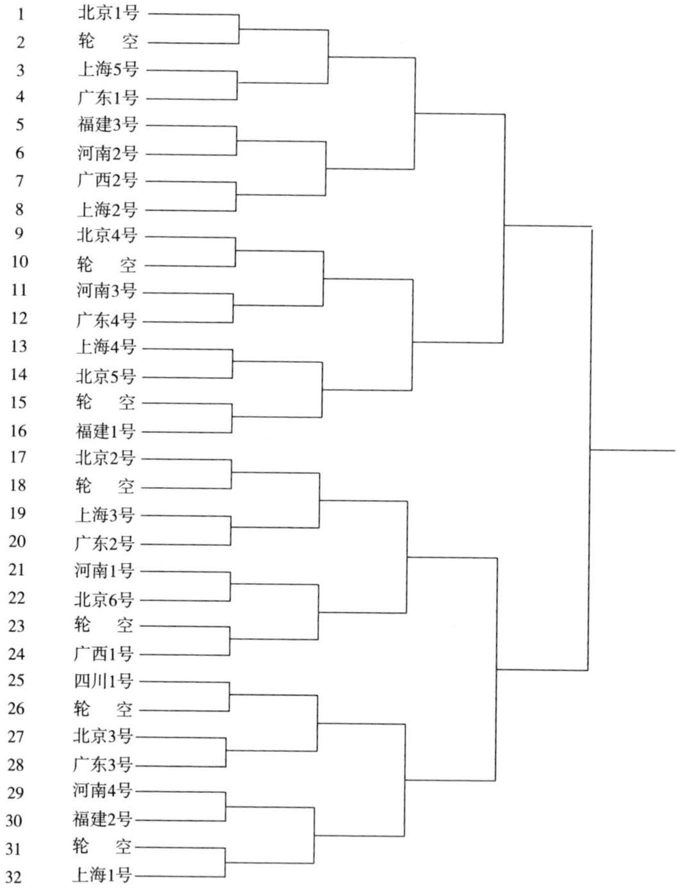

图 5-15 “××× 乒乓球邀请赛”男子单打秩序表

三、淘汰赛的编排

一项比赛的单淘汰赛编排比较容易，在编排时一定要注意，宁愿空出球台，也不要将上、下半区的运动员安排在同一时间比赛，因为如果没有其他项目做间隔，极有可能出现连场的现象。如果有不同的单项比赛同时进行，就要把混合双打比赛单独安排在一个时间段集中进行，把男子单打和女子双打、女子单打和男子双打比赛结合起来安排，这样既可避免运动员连场和重场的现象发生，又可以活跃气氛，增加某个时段比赛的观赏性。

四、淘次赛的附加赛

有时需要确定第二阶段的全部比赛名次，授予前 8 名运动员运动等级，或者奖励前 8 名运动员等，如奥运会必须决出前 3 名，因为前 3 名分别为金、银、铜牌的获得者。而采用标准的单淘汰赛的比赛无法做到这一点，所以必须增加附加赛。

（一）附加赛比赛表格的画法（图 5–16）

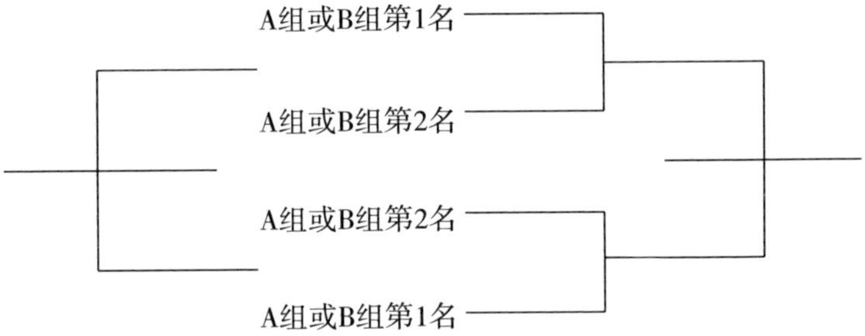

图 5–16　附加赛比赛表格

（二）附加赛比赛场数和轮数的计算

一般来讲，运动员均未进入前 4 名时应增加附加赛，有时也在更早的阶段进入附加赛，以便决出所需要的全部比赛名次。

附加赛的轮数与单淘汰赛的轮数相同。

▲例如，比赛进入前 8 名的运动员进入附加赛，原来 8 名运动员的单淘汰赛需要打 3 轮，增加附加赛后依旧是 3 轮比赛。附加赛的场数有所增加，因为只要

已进入带有附加赛的轮次，每轮的比赛场数将不再减少。原来 8 名运动员的单淘汰赛的比赛场数如表 5–29 所示。

表 5–29　单淘汰赛的比赛场次

轮数	场数
第 1 轮	4
第 2 轮	2
第 3 轮	1

而增加附加赛后，比赛场数的变化如表 5–30 所示。

表 5–30　增加附加赛后的比赛场数

轮数	场数
第 1 轮	4
第 2 轮	4
第 3 轮	4

此外，在安排比赛时应尽量让运动员在不同的球台上进行比赛，因为单淘汰赛每场比赛一定要淘汰一名运动员，而另一名运动员如果重复在一张球台进行比赛，对其他运动员并不公平。

第三节　不同竞赛方法的结合与探讨

一、先循环后淘汰

采用“先循环后淘汰”竞赛办法时，比赛可分为两个阶段：第一阶段，先将参加比赛的队（运动员）分成若干小组，然后分组进行单循环赛；第二阶段，由各个小组同名次的队（运动员）进行单淘汰赛，决出部分或全部名次。这种竞赛办法，不仅可以有效地控制整个竞赛总量和各队（运动员）的比赛强度，而且能在最后阶段将竞赛逐步推向高潮。

▲例如，有 60 个队参加比赛。第一阶段，将其分成 8 个小组进行单循环赛；

第二阶段，由各个小组的第 1、2 名共 16 个队进行单淘汰赛，决出第 1 名至第 8 名。

采用“先循环后淘汰”竞赛办法，在第二阶段时，循环赛小组的第 1 名必须与其他小组的第 2 名进行比赛。可以在赛前确定好第二阶段的对阵位置，这样能够避免第一阶段结束后抽签的紧张和忙碌，但会给运动员提供选择第二阶段对手的机会，容易发生打假球的现象，因此，一般大型的正式比赛很少采用。

通常在第二阶段进行抽签，这就要求裁判人员在比赛结束后迅速地计算好循环赛的名次，做好抽签卡片，且不能出错。

第二阶段抽签的原则有以下 3 个方面。

（1）循环赛小组的第 1 名必须与小组的第 2 名进行比赛。

（2）合理分开第一阶段同循环赛小组的运动队（对、员），在第二阶段不在一个半区。

（3）合理分开同协会的运动队（对、员），至少使其在第一轮不相遇，最好能分在上、下半区。但在奥运会的比赛中，规定同协会的双打运动员必须抽入同一半区。

二、先淘汰后循环

为了让少数最优秀的选手（队）进行更多场比赛，特别是在参赛选手（队）数量众多的情况下，为了满足选拔和观众观看比赛的需要，也可以采用先淘汰后循环的竞赛方法。通过淘汰赛可以很快从数量众多的选手（队）中选出少部分优秀的选手（队），然后由这部分优秀的选手（队）进行循环赛，可使选拔结果更加准确，使优秀的选手（队）有更充分的表现机会。这种竞赛方法也可以说是在第一阶段把全部选手分成若干组分别进行淘汰赛，最后由各组的优胜者进行循环赛。为了减少淘汰赛带来的机遇性，第一阶段的淘汰赛可以进行两次或多次。

▲例如，为了选拔大学生参加 2022 年世界大学生运动会乒乓球比赛，由 40 所大学推荐了 128 名大学生选手，组织一次选拔赛，选拔赛的时间为 4 天，有 8 张比赛球台可供使用。

由于参加选拔的选手很多，对分散在 40 所大学的业余学生选手的水平也了解得较少，这次选拔赛决定采用先淘汰后循环的竞赛方法。

128 名大学生选手通过抽签随机进入第一次淘汰赛的各个号码位置，比赛进行到第三轮结束，连胜 3 场的选手进入前 16 名，第一次淘汰赛即告结束，共进行 112 场比赛。

这 16 名优胜者作为第二次淘汰赛的种子选手，按种子选手合理分开、最后相遇的原则，一次抽签抽入规定的各个种子位置，再将其余 112 名选手中胜过两场的 16 名选手一次性抽入第 17~32 号种子的相应位置，再将胜过一场的 32 名选手一次性抽入 32 个不同的区内，最后将一场未胜的 64 名选手一次性抽入剩余的 64 个号码位置。第二次淘汰赛同样进行到第三轮结束，连胜 3 场的选手进入前 16 名，第二次淘汰赛即告结束，共进行 112 场比赛。

以第二次淘汰赛的比赛结果为准，采用同样办法进行第三次淘汰赛，第三次淘汰赛也进行到第三轮结束，连胜 3 场的选手进入前 16 名，第三次淘汰赛结束，同样进行 112 场比赛。

三次淘汰赛的各 16 名优胜者被选出参加第二阶段循环赛，在三次淘汰赛均未能进入前 16 名的选手已不大可能具备被选中的条件，因此第二阶段不再安排这些选手的比赛。由于三次淘汰赛的结果不可能是完全相同的，也不可能是完全不同的，因此，三次淘汰赛选出的参加第二阶段循环赛的选手数应大于 16 名且小于 48 名。

三次淘汰赛共进行 336 场比赛，8 张球台按每天 3 节、每节 7 场比赛安排，每天可进行 168 场比赛，用两天时间可完成第一阶段的三次淘汰赛。第 3 天和第 4 天作为第二阶段循环赛的比赛日程。假设有 32 名选手进行第二阶段循环赛，可以将 32 名选手分成两个组，每组 16 名选手，两个循环小组共比赛 240 场，两天时间球台数量可满足比赛要求，选手也未超额比赛。当然，有几种不同的分组方案，可以根据参加第二阶段循环赛的实际人数加以选择。

三、佩奇制

佩奇制是体育竞赛中的一种赛制，介于淘汰制和双败淘汰制之间。该赛制于 1931 年首次被使用于澳大利亚维多利亚州足球联赛的决赛阶段，是由该联赛专员珀西·佩奇 (Percy Pag) 首倡的，因而命名为“佩奇制”。

比赛的方法是，比赛的第一阶段分两组进行，每组取前 2 名。第二阶段比赛时，两组的第 1 名比赛，胜者进入决赛，负者与两个小组第 2 名的胜者再进行一场比赛，胜者进入决赛，负者为第 3 名，两个小组的第 2 名进行比赛，负者为第 4 名。

从基本的佩奇制出发，衍生出较为复杂的双佩奇制、分组佩奇制等多种方法。佩奇制的优点在于强队即使失手一次或数次，也有机会争夺冠军，同双败淘汰制类似，减少了比赛的偶然性。同时，佩奇制较双败淘汰制减少了比赛场次（图5-17）。

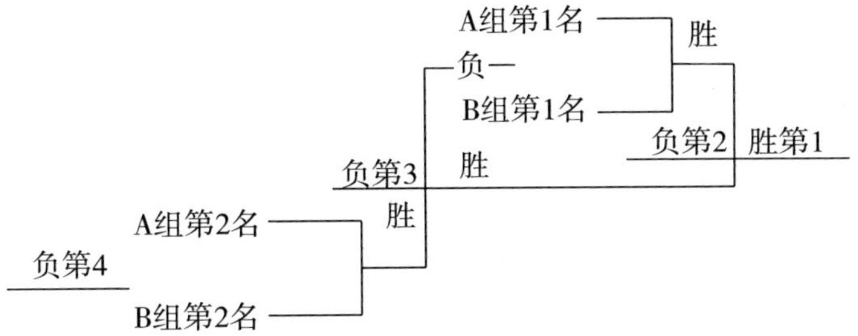

图 5-17　佩奇制比赛秩序表

采取佩奇制比赛时，每支队伍不管进行哪一场比赛，只需努力争取好的成绩，而不像其他赛制那样，往往要考虑下一轮的对手来决定自己在本轮次的有利位置。所以，一些实力比较强的队更愿意进行佩奇制比赛，即使失误一次，也还有机会。佩奇制能最大限度地避免打“假球”现象。

佩奇制不是一种可以用来组织一次竞赛（甚至是一个小型竞赛）的完整竞赛方法。佩奇制不能和淘汰赛、循环赛并列在一起，它们不是一个级别、一个范畴内的赛制。佩奇制只是一种应用于整个竞赛的某一阶段的非常具体的比赛办法，不能与淘汰赛、循环赛等相提并论，因为其不是一种完整的赛制。

四、淘汰循环交替

一次乒乓球比赛可能有更多的阶段，根据实际需要，可以交替使用淘汰赛和循环赛两种赛制。

循环赛结合淘汰赛的竞赛办法，可以充分发挥单循环赛和单淘汰赛各自的优点，使得竞赛形式更为丰富、竞赛办法更为实用，因而这种竞赛办法在体育竞赛中得到了极为广泛的应用。但必须指出的是，循环赛结合淘汰赛的竞赛办法，虽然具备了单循环赛和单淘汰赛的优点，但也存在缺点。因此，在实际应用中仍需采用相应的措施去克服这些缺点。

第四节　抽　签

抽签是应对比赛强机遇性的对策。采用“抽签”的办法确定竞赛次序，以“机遇”对付机遇性，使运动员（队）在无法消除的强机遇性面前有均等的“机遇”，以保证竞赛公平、合理。

一、抽签的任务

主要是确定每个参赛者在整个比赛秩序表中的位置，以确定各参赛者之间的相互关系，同时，也为确定比赛次序和比赛条件奠定基础。在一切具有不同机遇的竞赛环节中都需要抽签，使所有参赛者在竞赛中实现最大限度的机会均等。

二、抽签的目的

乒乓球比赛实际是一种没有统一标准、在不稳定的“单场比赛”基础上的比赛，不是每个参赛者和“标准”的比较，而是参赛者之间的比较，造成了产生名次的复杂性和不理想性。特别是在采取单淘汰赛的竞赛办法时，比赛制度的高效率和高对抗性，导致比赛具有强机遇性。

▲例如，128 位运动员参加男子单打比赛，任何一名运动员只要连续战胜 7 名对手即可获得冠军。

此外，由于乒乓球运动本身不能用简单的方法评价运动员水平的高低，一个运动员的竞技水平受到多方面的影响，先不谈比赛时的心理、身体及赛场的干扰，仅对方运动员打法类型、技战术特点及所使用工具的性能就对运动员的竞技能力表现起到了较大的干扰作用。如果一名高水平的运动员能击败某次比赛的绝大多数运动员，但对一名或少数几名运动员的打法不适应，比赛次序能避开这几名运动员，在哪一轮次与其相遇都显得尤为重要，都左右着比赛的最终结果。此外，由于近年来规则的变化，40+ 大球、11 分赛制、无遮挡发球等新规则的实施，缩小了不同水平运动员之间的差距。每次竞赛都会有一批优秀的运动员，他们实力接近，都有可能在竞赛中问鼎，但是每次竞赛的冠军只有一个。因此，竞赛一开始排定的比赛次序，在很大程度上将左右最后的竞赛结果，对每位运动员来讲，他们在淘汰赛位置表中的位置，对他们取得什么样的名次至关重要。

由此可见，淘汰赛和循环赛竞赛结果的偶然性很大，有很强的机遇性。所以，要保证淘汰赛和循环赛能更好地成为乒乓球比赛的实用的竞赛方法，就必须最大限度地避免人为的主观因素和竞赛办法本身的不科学性、不合理性的影响。

抽签的目的是引入随机性，以减少比赛结果的可预测性，并避免比赛的安排不利于特殊运动员。完全随机的不利结果是，有时强手会在淘汰赛的较早轮次中就相遇，以至于被淘汰，靠后的轮次就可能有相对不知名的运动员进行比赛，尽管可能有观众期待出人意料的场面，但组织者常常依靠“球星”的出场来吸引决赛观众。

三、抽签的原则

抽签是一种相当复杂的竞技技术，它完全不同于“抓阄”，它既不是只保证参加淘汰赛的每一名运动员都有同样的机遇条件，也不是保证每位参赛运动员都可以抽到淘汰位置表中的任何一个位置或循环赛中的任何一组，因为抽签是有原则的。所以，我们既要用“机遇”的办法来适应淘汰赛的强机遇性，确保每个参赛者在机遇面前机会均等，又要用“控制”的办法来保证抽签结果的相对确定性，使淘汰赛更加合理，但是过多的、不必要的控制又会使抽签失去意义。

（一）种子队员合理分开，最后相遇

（1）排名在前的运动员应被列为种子，以使他们在比赛进行到较后轮次时相遇。在团体淘汰赛中，每一协会中排名最高的队才有资格按排名被列为种子。

（2）第 1 号种子应安排在上半区的顶部，第 2 号种子应安排在下半区的底部，其余种子应通过抽签进入规定的位置。具体如下：第 3 号和第 4 号种子应分别抽入上半区的底部和下半区的顶部；第 5 号至第 8 号种子应抽入单数 1/4 区的底部和双数 1/4 区的顶部；第 9 号至第 16 号种子应抽入单数 1/8 区的底部和双数 1/8 区的顶部；第 17 号至第 32 号种子应抽入单数 1/16 区的底部和双数 1/16 区的顶部。

（二）同队队员合理分开，最后相遇

（1）应尽可能合理分开来自同一协会的运动员，使他们在比赛进行到较后轮次时相遇。在预选赛中，同一协会的选手根据预选赛的分组数目应被抽入不同的小组，并应尽可能合理分开通过预选赛的选手。

（2）应按技术水平由强至弱排列各协会的运动员和双打配对的顺序，并应与种子排名表的顺序一致。同协会其余选手，仅在小组赛、淘汰赛的预选赛或正赛第一轮被合理分开，在后续轮次无须考虑。

（3）第 1 号和第 2 号运动员应被抽入不同的半区，第 3 号和第 4 号运动员应被抽入没有本协会第 1 号、第 2 号运动员所在的另外两个 1/4 区，第 5 号至第 8 号种子应被抽入单数 1/4 区的底部和双数 1/4 区的顶部；第 9 号至第 16 号种子应被抽入单数 1/8 区的底部和双数 1/8 区的顶部；第 17 号至第 32 号种子应被抽入单数 1/16 区的底部和双数 1/16 区的顶部。

（4）由不同协会的选手组成的男子双打或女子双打配对，应被视为属于在世界排名表中排名较高选手的协会。如果两名选手在世界排名表中无排名，则应被视为属于在相应的洲联合会排名表中排名较高选手的协会；如果两名选手均不在上述排名表内，则应被视为属于在世界团体赛排名表中排名较高的协会。由不同协会的选手组成的混合双打配对，应被视为属于男选手的协会，或者任何由不同协会的选手组成的双打配对可被视为同属于这两个协会。

四、抽签前的准备工作

抽签前的准备工作内容有很多，工作量很大，而且准备工作质量的好坏，直接关系到抽签工作的成败。

（一）接受、汇总报名

接受报名的目的是确定编排和抽签的对象。接受报名的工作非常重要，裁判长要亲自抓好接受报名的工作。在接受报名时应保证任何变动都有文字依据，并由专人保管好。

1. 审核报名单

接到一份报名单后，首先应依据规则认真进行审核，判断其是否符合竞赛规程的有关规定，并对参赛运动员进行资格审查。内容包括各个单项参赛的人数、参赛运动员的人名及其排列顺序，尤其应注意竞赛规程中的特殊规定。

2. 汇总报名

汇总工作的目的是统计出各比赛项目的参赛队数、人数、对数，以便最终确定具体的抽签编排方案，也是大会提供食宿等具体情况的依据，因此，要随时向组委会有关部门汇报报名的变更情况。汇总表如表 5-31 所示。

表 5-31　乒乓球比赛报名汇总表

顺序	队名	男团	女团	男单	女单	男双	女双	混双	备注
1	×××	1	1	5	4	2	2	4	
2	×××	1	1	4	3	2	1	3	
…									
30	×××	1	1	5	4	2	2	4	
	总计	30	28	147	116	60	58	116	

如果报名截止日期离比赛开始日期较远，同时对报名的要求比较严格，一旦超过报名截止日期，就不再接受报名，也不允许更改报名，那么接受报名的工作就相对简单。但目前在乒乓球竞赛中接受报名工作的问题很多，最主要的问题是报名不及时、报名在比赛开始前经常变动，特别是在单项比赛中，往往在团体比赛开始后进行单项比赛抽签前的一个晚上，单项报名的变动巨大，会给组织者带来较大的麻烦。

▲例如，1995 年在天津举办的第 43 届世界乒乓球锦标赛上，在单项比赛抽签前的一个晚上，单项比赛报名单共变更 99 人次。而有些运动员，甚至是运动队还不确定是否参赛。

因此，接受报名的工作非常重要，也非常复杂，裁判长或负责抽签的副裁判长应亲自抓好这项工作，对发生变动的报名单及时进行更改，但最好在抽签前一个小时内不再接受报名的变动，因为这时的任何一个变动，都必须对种子名单和该协会的名单进行重新审核，稍有不慎就会给抽签带来很大的麻烦，甚至使抽签结果违背抽签的基本原则。但如果是重要种子运动员的变更则仍须进行，否则可能会造成种子分配的不均衡，若存在严重的不均衡则必须重新抽签。

（二）确定比赛办法

各参赛队的报名情况和竞赛规程中对竞赛办法的规定是准备抽签的两个基本依据。竞赛规程规定的比赛办法一般是原则性的，在实践中，制订规程的主观设想与实际报名情况和比赛条件的变化会有一定的差距。因此，在抽签前必须熟悉规程中关于比赛办法规定的精神，以便根据报名和比赛场地等实际情况，确定具体的比赛办法。

▲例如，24 个队参加团体比赛，规程规定比赛分为两个阶段，第一阶段为

分组循环，第二阶段为淘汰赛，因为 24 个队比赛分组循环时既可分为 8 个组，又可分为 4 个组。一般情况下，如果比赛球台较多、日程较长，则可分为 4 个组进行比赛，反之则分为 8 个组进行比赛；如果竞赛规程中规定，第一阶段的比赛分 4 个组进行循环赛，则必须执行。

（三）确定种子数量和种子名单

采用单淘汰赛时，种子的数量一般是 2 的某次幂，且为该单项比赛报名运动员总数的 1/12 至 1/6；采用分组循环赛时，种子的数量应为循环赛小组数的倍数。一般情况下，如果对参赛队员的技术情况比较了解，可设置较多的种子，反之种子的数量应减少。排列种子是通过分别对待部分运动员，以便他们能在尽可能靠后的轮次中才相遇，以限制随机性的一种方法。排列种子的方法分为按排名排列种子和按协会排列种子两种。

大型比赛按排名确定种子名单的方法：在团体淘汰赛中，每个协会中排名最高的队才有资格按排名被列为种子，排列种子的依据是国际乒联的最新协会排名，而不是根据运动员的强弱来进行；单打比赛和双打比赛中排列种子应按国际乒联最新公布的排名表为准，切忌双打排名按照两名参赛运动员的单打排名累加，因为双打比赛是有较强的战术要求的，两名较强的单打运动员并不一定能成为一对好的双打组合，国际排名委员会定期公布国际赛事双打比赛每对运动员的双打排名，比赛前确定种子时应核查国际乒联最新公布的双打排名表，以确定每对参赛运动员的双打分值；对于那些第一次配对的参赛运动员，则要核查国际乒联公布的每名运动员的双打分值，并将双打分值相加，最后将所有参加该项双打比赛每对运动员的分值进行排序，由高向低确定种子，下列情况除外。

如果符合种子条件的报名运动员（队）均来自同一洲的联合会，应优先考虑该联合会最新公布的排名表；如果符合种子条件的报名运动员均来自同一协会，应优先考虑该协会最新公布的排名表。如果是基层的比赛，在有以往成绩的情况下，应根据以往的成绩确定种子；在某些非传统性或变迁较大的比赛中，如果种子名单很难确定，可以考虑由各单位该项比赛的第 1 号运动员作为种子运动员。

小型比赛或基层比赛中按协会排列种子的方法：由于绝大多数参赛运动员均没有排名，要想比较科学地按技术水平排列种子比较困难，通常采用的方法是依据以往的比赛成绩确定种子序号，如果准备进行的竞赛每年均进行一次，而去年取得名次的大多数运动员今年又报名参加比赛，则可按照去年的名次确定种子，少数空缺人选可以从后面的名次依次替补，或由缺席种子同单位的 1 号运动员替补，或由东道主单位的 1 号运动员替补，或由竞赛组织者决定替补名单；如果准备进行的竞赛是非定期举行的或从来都没举办过的比赛，参加比赛的运动员没有同时参加某次比赛，即使同时参加了某次比赛，也不一定取得名次，且相遇的对手也不相同。此外，过去的成绩只能说明当时的竞技水平，由于竞赛方法不科学和比赛成绩具有较大的片面性和主观性，并不完全与当时的竞技水平画等号。因此，确定种子的工作就更难进行，通常采取的方法是小比赛的成绩服从大比赛的成绩、远期比赛的成绩服从近期比赛的成绩、低水平比赛的成绩服从高水平比赛的成绩；双打比赛的成绩以原配对的成绩为主，混合双打比赛的成绩以男子运动员的成绩为主，存在疑问时由竞赛组织者决定。

按协会排名排列种子的方法：各协会（单位）在报名参加各单项比赛时，参赛运动员的排列顺序必须按照每位参赛运动员的竞技水平排列；在国际比赛中，当运动员按协会排名和国际乒联公布的最新排名不吻合时，应按照国际乒联最新排名的顺序为每个协会调整运动员的排列顺序；如果运动员均来自同一个大洲或同一个协会，应按照该大洲或该协会最新公布的排名为每个参赛队调整各单项比赛运动员的排列顺序；如果基层比赛没有排名做参考时，且按参赛队排名与竞赛组织者确定的种子名单顺序不同时，应按照种子排名的顺序进行调整，以保证抽签的顺利进行。

由于确定种子是一项复杂且难以保证精确性的工作，在考虑种子序号时，采取分批的方法为宜。

▲例如，有 16 名种子，其序号不必从第 1 排到第 16，可列为第 1 号种子，第 2 号种子，第 3、4 号种子，第 5~8 号种子，第 9~16 号种子。在每批种子内部，无须具体区分种子的序号，而应作为一批种子处理。这样既简化了确定种子的工作，又符合抽签的实际情况。

（四）准备抽签用具

目前国内常用的抽签方法有计算机抽签和卡片式抽签。

如果采用计算机抽签，赛前需要准备好计算机、投影设备，并应将每个项目的参赛队（运动员）的具体情况输入电脑，确定每个项目的种子名单。由于计算机抽签的方法比较固定，应注意输入名单的正确性，熟悉所使用的计算机程序，一般较易成功，抽签费时也相对较短，但在参赛队看来，抽签的过程过于简短，易怀疑其真实性。

如果采取卡片式抽签，赛前需要准备的用具有以下 6 种。

1. 抽签的“签卡”

一般包括“名签”和“号签”。“名签”用来书写运动员的姓名（种子运动员）、运动员的协会序号（非种子运动员）、比赛队名、国家、地区名，每个项目的每个参赛队（运动员）均有一张“名签”。“号签”用于书写位置号、组号、区号（1/2 区、1/4 区、1/8 区）等。“名签”和“号签”应每个项目一套，并按照比赛的实际抽签顺序整理好。制作“签卡”的材料应不透光，在“签卡”的背面不能看见“签卡”正面的字样；“签卡”的背面的图案应完全对称，没有方向性，任何人不能从“签卡”的背面进行任何辨认。

团体赛名签表示山东队在循环赛分 4 个组的抽签中，排在第二批抽签，同时抽签的还有另外 3 个队。山东队在抽签分组时，被抽进了 B 组，在 B 组中排序 2 号。名签右上角的“5–8”如果是红色表示是种子队，种子序号为 5–8；如果“5–8”是黑色，则不是种子队，代表抽签的顺序号（图 5–18）。

单项赛名签表示运动员鲁东为山东队 5 个运动员中的 5 号，因为数字“5”外有个圆圈，该选手为“S–S”型选手。名签右上角无序号，说明该选手是非种子选手；左上角有黑色手写的“4”，说明该项比赛采用 1/4 区最小值控制法进行分区。在抽到山东队选手的时候，未抽签的“品队”还有 4 个。名签右下角记录的是最终抽进淘汰赛表中第 67 号位置（图 5–19）。

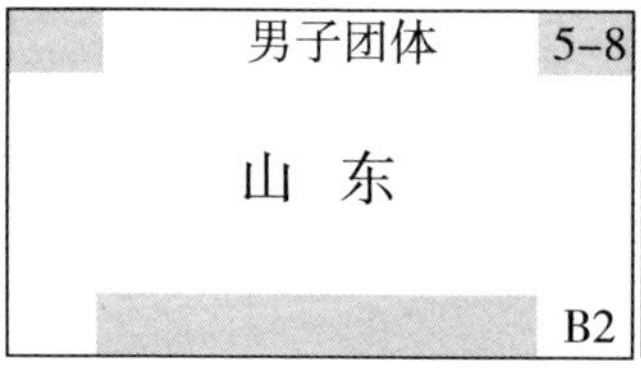

图 5–18　团体赛名签

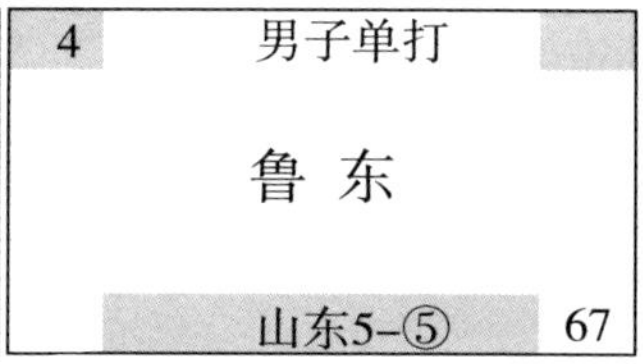

图 5–19　单项赛名签

2. 平衡控制表

平衡控制表用比较科学的方法，通过贯彻“预见性”和“区别性”两项原则，解决好抽签工作中“机遇”和“控制”这对矛盾。在确定了适应某个数量的号码位置的淘汰赛之后，上下半区、各个 1/4 区、各个 1/8 区……可以容纳的运动员数是固定的，而且原则上是平均分布的，各区之间差数不能超过 1。同样，在确定了参赛运动员和单循环小组数之后，每个单循环小组的人数也是基本固定的，而且原则上是均匀分布的，各小组所容纳的队（人数）差值不能大于1。在抽签时如果不进行控制，靠后抽签的单位将会出现违反规则的情况；而过多地、不必要地控制，又会使抽签变得不合理甚至失去意义，因此必须使用平衡控制表，使被控制的面最小，受控制的运动员都是每个协会排名靠后的运动员。在正式抽签前，应填好表内各项数字和符号，并且核对无误，且每个项目应单独使用一张平衡控制表。

▲例如，有54人参加男子单打比赛，报名情况如下：A队5人、B队6人、C队4人、D队3人、E队2人、F队7人、G队4人、H队5人、I队7人、L队3人、M队6人、N队2人。根据规程规定，单项比赛进行单淘汰赛。可绘制1/4平衡控制表（表5-32）。

表 5-32　1/4 平衡控制表

1/2区	1/4区	1	2	3	4	5	6	7	8	9	10	11	12	1/4区				1/2区			
		A 5	B 6	C 4	D 3	E 2	F 7	G 4	H 5	I 7	L 3	M 6	N 2	位置数	轮空数	固定数	机动数	位置数	轮空数	固定数	机动数
1	1	○	○	○			○	○	○	○		○		16	3	8	5	32	5	24	3
			●		●	●	●			●	●	●	●								
	2	○	○	○			○	○	○	○		○		16	2	8	6				
		●			●		●		●	●	●										
2	3	○	○	○			○	○	○	○		○		16	2	8	6	32	5	24	3
			●		●	●	●			●	●	●	●								
	4	○	○	○			○	○	○	○		○		16	3	8	5				

此外，还可绘制1/2平衡控制表（表5-33）。

表 5-33　1/2 平衡控制表

1/2区	1	2	3	4	5	6	7	8	9	10	11	12	1/2区			
	A 5	B 6	C 4	D 3	E 2	F 7	G 4	H 5	I 7	L 3	M 6	N 2	位置数	轮空数	固定数	机动数
	○	○	○			○	○	○	○		○					
1		○		○	○	○			○	○	○	○	32	5	24	3
	○	○	○			○	○	○	○		○					
	●			●		●		●	●	●						
	○	○	○			○	○	○	○		○					
2		○		○	○	○			○	○	○	○	32	5	24	3
	○	○	○			○	○	○	○		○					

可以看到，1/2 平衡控制表较 1/4 平衡控制表简单得多，在参赛人数不多或主持抽签人把握不大时，最好采用 1/2 平衡控制表。

3. 抽签说明词

一般情况下，主持抽签人在各个比赛项目进行抽签前应准备一个比较详细的抽签说明词，包括参加该项目的人（队、对）数、比赛的办法、抽签的基本原则、种子确定的方法、种子名单及人数、比赛秩序表的位置数（循环赛的小组数）以及抽签的顺序等，最好的方法是在抽签卡边上做好记号，以便主持抽签人可以随时掌握抽签的进程和准备进行抽签的运动员（队、对）的基本情况。如果主持抽签人的经验不足、紧张或反应较慢时，应尽量准备一份详细的抽签说明。抽签说明词应当与抽签的名签和号签一起按顺序整理好，尽量避免几个项目共用一套签，以免在抽签时给主持抽签人带来不必要的麻烦。

4. 抽签记录表

记录员应当为每一个项目至少准备一份记录表，目前较正式的比赛一般都用电子计算机进行记录，电子计算机记录比手工记录更准确（运动员或运动队的名字可事先输入，并由专人进行检查）、更快（无须在抽签时再逐个输入运动员或运动队的名字）、更整洁（有错误时可以随时修改）。为了方便现场的教练员、领队、记者随时了解抽签的过程和结果，一般在现场要与抽签同步公布，这个公布表一般需要事先制作好，并用计算机录入每位（对）运动员的姓名；在团体比赛中，应制作每个参赛队的名称的卡片，以便于抽签时张贴。在国际比赛中，应进行英文和比赛当地语言的公布，以保证抽签的质量。

5. 抽签的其他设备

抽签时一般需要的其他设备包括抽签工作台、一张长方形的桌子（上面铺好台布）、椅子若干、扩音器、计算机、打印机、复印机等，以保证抽签后能以最快的速度将抽签结果发到各个运动队和记者手里。

6. 抽签的备用品

考虑到抽签开始前或进行时可能出现某些变动和差错（报名的变更、改正临时发现的错误等），需要准备一些抽签备用品，以应急需。抽签备用品包括空白的名签、空白的号签、轮空位置表、国际乒联最新的排名、全部原始报名单、分区控制表、抽签记录表、白纸、笔、胶条、双面胶等；若采用电子计算机抽签，则应准备一台备用计算机，并在操作完毕后及时做好备份，以确保抽签的顺利完成。

（五）抽签实习

在进行抽签前一定要进行抽签实习，首先是参加抽签的各类人员必须进行磨合，以便在实践中了解各自的职责并较好地解决相互配合的问题。其次是发现这个项目的抽签规律和在抽签中可能发生的问题，否则再简单的抽签也可能出现问题。

1. 手工抽签的实习步骤

（1）抽签小组协助主持抽签人深入细致地研究每个比赛项目的抽签方案的可行性，并且在熟悉每个项目的具体情况和摸清每个项目的报名和竞赛规律的基础上检验抽签方案的正确性，以便使抽签小组的全体人员统一思想，了解具体情况，在思想上完全做好抽签的准备。

（2）主持抽签人、号签员及平衡控制人员进行抽签实习。这些人是正式抽签时的核心人物，他们的工作质量直接影响着抽签的结果是否符合规则规定，他们的配合熟练程度直接影响着抽签的速度。因此，要多进行几次，并且在每次实习后都要进行总结，不断地改进工作。

（3）全体抽签小组人员总实习。实习时要严格按照抽签时的具体分工及操作步骤一步一步地进行，要求每位工作人员都要按照正式抽签时的要求，严格遵守岗位职责，增强配合，以便高效率、高质量地完成抽签工作。

2. 计算机抽签的实习步骤

计算机抽签的主角并不是计算机，而是主持抽签人和计算机的操作人员，计算机抽签的质量好坏在很大程度上取决于计算机程序本身，但操作人员的有效控制和严格执行操作规程也是计算机抽签成败的关键所在。

（1）采取计算机抽签时，必须首先让抽签小组的全体人员协助主持抽签人根据计算机程序的特点，深入细致地研究每个比赛项目抽签方案的可行性，并且在熟悉每个项目的具体情况和摸清每个项目的报名和竞赛规律的基础上，检验抽签方案的正确性，以便使抽签小组的全体人员统一思想，了解具体情况，在思想上完全做好抽签的准备。

（2）主持抽签人和计算机操作人员的人机配合。主持抽签人和计算机操作人员必须根据计算机程序的特点、报名人数和竞赛办法等具体情况，多次进行实习，并在每次实习后做好总结，以保证抽签时抽签人员能有效地控制计算机，较好地发挥计算机程序上的优势，避免计算机程序本身的问题，高质量、高效率地完成抽签任务。

（3）全体抽签小组人员的总实习。计算机抽签时结果的备份是确保抽签成功的关键之一，但为了能应付复杂局面，也必须做好手工记录，以保证在发生断电等无法控制的情况下完成抽签任务。因此，一定要做好人员的准备工作，特别是让全体抽签小组的人员都明白，计算机抽签时并不是只有计算机工作就够了，还需要全体人员的共同努力，才能保证抽签工作的顺利进行。

（4）采取计算机抽签时，全体抽签人员一定要在抽签前 1 小时到达抽签现场。如果是在主持抽签人不熟悉的场所抽签时更应提前到达，因为计算机抽签对设备的要求较高，如果现场不能提供完全符合抽签标准的设备，或抽签现场的电源等存在问题都会影响抽签的正常进行。因此，抽签的工作人员必须提前到达现场，以保证在抽签前做好一切准备。一旦遇到问题，主持抽签人一定要镇定，与抽签现场的工作人员配合，及时解决问题，以保证抽签的顺利进行。当确实不能排除困难时，亦可考虑采取手工抽签。因此，参与手工抽签的工作人员应一同到达抽签现场。

五、抽签

正式抽签是非常重要的，它是向所有参赛队、向新闻媒体展示本次比赛水平的窗口之一，因此，抽签只能成功不能失败。但对于参加抽签工作的人员来讲，正式抽签时不要有沉重的思想包袱，更不能紧张，否则无法保证抽签的成功。对于参加抽签的人员而言，正式抽签仅仅是在公众面前的又一次演习，因此不必过分紧张。但也不要松懈，因为随时都可能发生突发事件，只要保持高度的责任感和注意力，再加上全体人员的共同努力和抽签前的精心准备，应该是万无一失的。此外，一定要注意在抽签前不应该盲目地修改抽签名单和抽签程序，以免在考虑不全的情况下出现更大的问题。

部分或全部用计算机来进行抽签已日趋普及，可以节省大量时间，避免麻烦。然而，即使采取计算机抽签，裁判长也应了解抽签的过程，以便在计算机因任何原因不能使用时能及时采用人工抽签和修正抽签。尽管抽签有多种不同的方法，但它们都体现相同的原则，那就是决不能违背乒乓球竞赛过程的规定和本次比赛规程的规定。

抽签后应尽快（原则上不超过半小时）让全体参加抽签仪式的人拿到有裁判长签名的每个项目的抽签结果，如果能在抽签前做好编排，让每人都拿到一份比赛秩序表的话，就达到了国际化高标准的要求，每次比赛的工作人员应尽量合理利用已有的条件做到这一点。

六、变更及重新抽签

（1）只有得到竞赛管理委员会授权，才能对抽签结果进行更改，情况允许时，还需征得与此变更有关的协会代表的同意。

（2）应该尽量避免变更抽签，只有在纠正错误、增补运动员（对）或纠正由于种子运动员的缺席而引起的严重不平衡时才能变更抽签。即使出现上述情况，一个项目比赛开始后就不得对这个项目的抽签结果进行任何变更，不管是否涉及已经完成的比赛还是正在进行的比赛。就规则的目的来说，预选赛应被视为是一项独立的项目，即一个项目的预选赛已经开始，在正式比赛还没有开始前，如果出现必须进行抽签变更的情况，可以进行变更，但一定要考虑到预选赛运动员出现后、进入正式比赛时不能违反同协会运动员的排列种子的有关规定。

（3）若一对双打运动员均已到会，并且健康状况允许参加比赛，则不允许变动配对，变更配对的理由是其中一名运动员受伤、生病或缺席。

（4）若未得到有关运动员许可，不得将一名运动员从抽签中删除，因不良作风或者应到场比赛而未到场被裁判长取消比赛资格的运动员除外，该许可由运动员本人提出，如果该运动员缺席，可由其授权的代表提出。

（5）不管比赛是否已经开始，不允许运动员从抽签的一个位置移动到抽签的另一个位置，按照特别条款进行种子重新抽签时除外。如果因任何原因导致抽签结果极不平衡，应尽可能全部重新抽签。

（6）如果不平衡是由同一抽签区内若干种子运动员缺席造成的，只可将剩余种子重新排序，在种子范围内重新抽签，抽签时应尽可能地考虑竞赛规程中有关按协会提名排列种子的规定。

（7）抽签时未包含在一个项目内的运动员，经过竞赛委员会许可及裁判长同意，可以增补报名。

（8）首先应按排名的顺序，将实力最强的增补运动员补抽进种子位的空缺。其次，将多出的运动员先抽入因缺席或取消资格而出现的空位中，然后抽入不与种子位相邻的轮空位置中。最后抽入与种子位相邻的轮空位置中。

（9）如果运动员或双打配对按照排名可以作为种子进入原抽签时，则只能抽入种子位的空缺，否则不接受其增补报名。

七、关于计算机抽签的探讨

（一）乒乓球竞赛计算机抽签的问世

1994 年 9 月，在天津市举行的第 12 届亚洲乒乓球锦标赛上，首次采用了中国自行编制的计算机软件进行了 7 个比赛项目的抽签。这是世界上第一次在重大乒乓球赛事中实施计算机抽签。

1995 年 5 月，在天津市举行的第 43 届世界乒乓球锦标赛上，采用了中国自行编制的 CYX–94 计算机软件成功地完成了该届世界锦标赛全部 7 个比赛项目的抽签，得到了国际乒联、各参赛协会以及媒体的普遍好评。这是第一次在世界锦标赛中实施计算机抽签。

目前乒乓球比赛计算机抽签软件 CATS 系统、乒乓球赛事助手等已普遍应用于赛事活动中。

（二）计算机抽签的特点及存在问题

抽签最高的境界是让参赛者自己决定自己的命运，并且深信这种感觉是真实的，而计算机抽签是很难做到的。人们怀疑的不是计算机技术的能力，而是计算机技术太高明了，即使做假也难以查证。评价抽签合理性与否的标准是高度的科学性与完全的信任感。信任感的重要性一点儿也不亚于科学性，从某种意义上讲，信任感更重要，如果参赛者对抽签手段疑惑不解，甚至怀疑抽签的公正性，那么这种抽签手段肯定是不成功的。

采用计算机抽签的一个重要原因是卡片抽签耗时较长。抽签主持人在抽签过程中始终在做解释，说明每一个抽签动作的原因和每一个抽签过程的结果。此外，参赛者到抽签台抽签也要占用一定的时间。

（三）计算机抽签的指导思想和解决方案

单项比赛的整个抽签过程遵照手工抽签的原理，先进行种子抽签，再进行非种子抽签。种子抽签直接定位，而非种子抽签先分区再定位，抽签的结果逐步形成，而不是一触鼠标，即出现全部结果。这种方式的目的是让参加抽签仪式的参赛者理解抽签结果产生的过程，理解这个过程的合法性与合理性。在单项比赛两个阶段的抽签中，应尽量采用请参赛者触发鼠标，而且是多次多人触发鼠标的办法，让参赛者体会自主抽签的感觉，而不是让其觉得自己完全是一个旁观者，自己的命运与参加抽签仪式完全无关。在实施计算机抽签时，应尽可能保留卡片抽签公正、公平、公开的特点。

（1）乒乓球竞赛中的男、女团体赛项目，一律采用卡片抽签。

（2）在5个单项比赛中，种子选手的抽签定位均采用卡片抽签，以确保5个单项比赛中最强的一批选手在抽签过程中不受任何人为因素的影响，这也基本保证了5个单项比赛的公正、公平与公开。

（3）在男、女双打比赛的抽签中，第二部分非种子选手的分区和定位只需几分钟时间，采取卡片抽签的方式方便快速，这两个项目的抽签完全可以自始至终实行卡片抽签。

（4）其他3项比赛，即男子单打、女子单打和混合双打比赛，特别是男子单打比赛非种子选手的分区和定位，为了缩短临场抽签的时间，可以采用计算机辅助抽签。在决定使用计算机抽签分区和定位非种子选手的情况下，要处理好种子选手采取卡片抽签与非种子选手的分区和定位采取计算机抽签两部分的结合问题。

第五节　编　排

乒乓球竞赛的抽签，是根据实际报名情况和竞赛办法，按照竞赛规则提出的基本要求，采用机遇的办法，确定参赛的运动队和运动员在竞赛中的位置。抽签结束后，每个运动队和运动员在各个竞赛项目中所处的位置便确定下来。接下来就需要确定各个竞赛项目的竞赛次序。二者同属竞赛组织法的两项最主要的竞赛技术，但在性质上却有本质区别，这一点对从事竞赛工作的技术人员和管理人员十分重要。编排好比战役的作战部署，编排方案不仅会影响到运动队、裁判组，以及大会各方面的工作人员和观众，还会影响到场馆、交通、住宿和其他各项保证工作，更重要的是它在影响电视转播时，也影响着比赛的收益。编排工作的弹性是很大的，裁判长根据各方面的情况和条件，用主观设想的方法解决问题，但其最终效果将由各方面的人员、各方面的工作来综合检验。因此，编排工作十分重要，它是大会圆满结束的保证。

一、编排的任务和目的

编排工作的任务是将各个项目所要进行的全部比赛，在一定的时间内，科学合理地安排在一定数量的球台上，按一定的秩序进行比赛，也就是确定全部比赛的日期、时间、台号。

编排的目的如下。

（1）考虑参赛者和观众的利益，最有效地利用时间和可供使用的球台。必须保证参赛者有较为合理的比赛时间表，在两场比赛间有足够用来休息但又不过分的间歇，观众希望在方便的时间和条件下观看最精彩、最有趣的比赛。编排的效率越高，参加比赛的运动员就越多，完成比赛所用的总时间就越少。因此，科学合理的编排，不但可以提高组织者的效益，还可通过节省总比赛的天数来减少运动队食宿的开支。

（2）考虑新闻媒体的需求，报纸有报道的截止时间，关键性的比赛不应该在一天中安排得太晚，以致赶不上当天报纸的出版。所以，如果条件允许，应将特别的比赛安排在能进行电视转播的时间和特别的球台上进行。

（3）如同计算机抽签一样，也常常用计算机来进行编排，这将非常有助于制订计划。然而，必须认识到，由于计算机没有人脑灵活，在编排时不可能全面地考虑问题，也不会选择精彩的和观众感兴趣的比赛，因此，计算机编排可能不如人工编排。

▲例如，计算机不会预测到 A 和 Z 之间的比赛可能是一场精彩的比赛，应该安排在多数观众观看的时间和地点进行比赛，而 C 和 Y 之间的比赛可能是平淡无奇的比赛，应该安排在不引人注目的地点和观众较少的时间进行比赛。

因此，裁判长或负责编排的副裁判长应该充分了解编排的原则，必要时能对计算机的编排结果进行修改，但对于那些需要多次重复的工作，计算机办公效率高，且不容易出错，所以裁判长在条件允许的情况下应尽量利用计算机的长处。对于那些必须注意的特殊情况和必须在特定时间、特定球台进行的比赛，应人工进行调整，以保证编排方案的合理和完美，并尽量符合现场观众、电视观众和新闻媒体的要求。

（4）裁判长应该充分了解编排的原则，必要时能对电脑的编排方案进行修改。当不能使用计算机或使用计算机但结果不能令人满意时，则必须由裁判长进行人工编排或人工调整。裁判长坚持全部采用人工编排与绝对依赖计算机编排一样，均不称职，裁判长应该在可能的情况下利用计算机的长处，同时具有在必要时进行人工编排的能力。

二、编排的原则

编排工作的灵活性很强，主观因素的影响也较大，在编排时一定要遵循下列原则。

（一）不能违反竞赛规程和比赛指令

比赛开始报名前，主办单位应向各个有参赛资格的单位（协会）发放竞赛规程及比赛报名表，在竞赛规程中应说明比赛的日期、地点、项目、办法等内容；对于不符合国际乒联比赛规则和竞赛过程的内容，应表述清楚，说明变动的性质和范围。凡提交报名表的单位（协会）应被视为同意所有比赛条件（包括更改的）。因此，在进行比赛编排时，应严格按照比赛的规程进行，如必须变动应提前征得所有参赛单位（协会）的同意。目前，在国际重大比赛前，国际乒联或洲联合会一般都要向承办协会发出比赛指令，包括对比赛日程的具体要求，是进行比赛编排必须参考的文件。

（二）不能连场

连场是指一名运动员在进行了一场比赛之后没有休息，立即进行下一场比赛。由于乒乓球比赛有5个单项，一般情况下单项比赛均同时进行，且有的运动员又要兼项。因此，应避免下列情况发生：女子单打比赛接女子双打比赛，男子单打比赛接男子双打比赛，女子单打比赛或女子双打比赛接混合双打比赛，男子单打比赛或男子双打比赛接混合双打比赛，否则将有可能发生连场。

▲例如，8:00，1~8台女子单打比赛下半区；8:40，1~8台女子双打比赛上半区。

在参赛运动员刚刚赛完一场比赛时，不应要求其立刻进行另外一场比赛，同样也不应该在相连的比赛间等上几个小时。比较理想的是在淘汰赛的前几轮，两场比赛的间隔时间不少于 1 场、不多于 3 场的时段。但在后面的轮次中，由于比赛比较紧张激烈，运动员彼此之间技术水平差异变小，一般倾向于间隔时间长一些。但此时还有比赛任务的运动员人数减少，而且可能还有兼项，所以在编排时一定要谨慎处理。

（三）不能重场

重场是指一名运动员在一张球台上进行比赛，同时在另一张球台上还有其他比赛，这主要是因为参赛运动员有兼项。因此，在编排时一定要避免女子单打比赛和女子双打比赛、男子单打比赛和男子双打比赛、女子单打比赛或女子双打比赛和混合双打比赛、男子单打比赛或男子双打比赛和混合双打比赛同时进行，否则将有可能发生重场。

▲例如，8:00，1~8 台女子单打比赛下半区；8:00，9~16 台女子双打比赛上半区。

此外，在比赛使用多张球台时，各个球台比赛的进度一般不会完全相同，即使理论上不存在重场的比赛，在每天比赛的靠后阶段也可能出现重场的情况。因此，裁判长应较好地控制整个比赛场地、各个比赛球台的情况，及时调整球台，以保证比赛的顺利进行，必要时应在每张球台留有一定的空闲时间，以避免延误比赛。同样，循环赛小组的比赛最好能相对地集中在比较固定的球台上进行，以防止发生不必要的连场和重场现象。

三、编排的基本要求

（一）保持运动队和运动员合理的比赛强度

一个运动队、一名运动员在一次竞赛中总的比赛量是由规程规定的比赛办法和实际报名的队数和运动员数决定的，但一个运动队或一名（对）运动员在单位时间内的竞赛量则是由编排人员决定的。目前虽然国际竞赛规则中没有关于编排的规定，但一般来讲，在单项比赛中，未经运动员本人同意，不得在一天内安排其参加超过 7 场的 7 局 4 胜的比赛；不得在 4 小时一节的比赛中安排 5 场以上的 5 局 3 胜的比赛；不得在 5 小时一节的比赛中安排 3 场以上 7 局 4 胜的比赛。在团体比赛中，未经参赛队长同意，不得在一天的比赛中安排一个队参加超过 3 场的团体比赛。但由于编排仅仅是比赛前组织人员关于比赛的组织方案，而比赛本身又有许多情况是无法预测的，因此，在编排时一定要注意以下 5 点。

（1）由于比赛前每个运动队和运动员在比赛中可能取得的成绩，每一场比赛的胜负结果无法预料，因此不应以主观判断作为确定一天或一节比赛最大极限量的根据，而应立足于任何队、任何运动员在每个项目的每次比赛中均有可能获胜，并依据这样的原则来确定运动队和运动员的最大极限量。否则，就有可能出现某个队、某个人、某对双打运动员一天的比赛量超过规则规定的最大限量。

（2）除非比赛场馆离运动员驻地的路程仅仅是步行 10 分钟以内的距离，否则运动员在比赛的间歇时间应留在比赛场馆内。因此，运动员在比赛场馆内的时间就是比赛时间加上等待比赛的时间，甚至还有等待车辆回驻地的时间。但是，无论如何，运动员在比赛场馆内都不能得到较好的休息，拖得时间过长会加重运动员的疲劳感，甚至影响运动员的比赛成绩。因此，一个较好的编排方案应该是尽量减少运动员在比赛场地的停留时间，可用以下公式检验：安排效率 = 运动员在场地的停留时间 / 运动员比赛时间。运动员的安排效率值越小，说明比赛的编排方案越成功，而且组织者应尽量降低所有参赛运动员的安排效率值，并尽量让所有运动员的安排效率值接近，以保证比赛的公平合理。

▲例如，一名运动员在 8:00、11:00、14:30、16:00 都有比赛，如果驻地离比赛场馆较远的话，这名运动员有可能整天都停留在比赛场馆中，会造成体力的浪费。因此，比赛组织者应尽可能地想办法在保证运动员不连场、重场的情况下，将运动员的比赛集中安排，以确保运动员能够得到较好的休息。

当运动员来到比赛场地后，应在规则允许的范围内尽可能让运动员多赛几场。因为，如果比赛场馆离运动员驻地较远，运动员在路上因交通问题可能停留时间较长，不仅影响运动员的体力，也给运动员的精神带来较大的损耗。如果比赛场馆发车较少，运动员无论有多少场比赛都必须一同出发、一同返回，这就造成运动员更大的精神损耗和体力的浪费。

▲例如，一名运动员参加男子单打比赛，比赛采取小组循环赛，本组有运动员 4 名，最好的办法就是让运动员在单位时间内，在不违反规则的情况下，尽快地将比赛打完，以避免运动员不必要的体力和精神损失，保证运动员技术水平的发挥。但如果将比赛安排在不同的时间，运动员就会因车程增加而造成体力和精力的损耗。

总之，如果有可能，运动员驻地应尽可能地靠近比赛场馆，从而给比赛组织者创造更大的编排空间，也能更好地保证运动员的休息，确保运动员在比赛中发挥正常水平。

（3）由于在乒乓球比赛中大多数运动员都不会只参加一项比赛，而比赛时由于运动员在男、女双打和混合双打比赛中有不同组合，以及不同项目分别抽签，就会造成运动员在各个项目中极其分散的状态。因此，在编排时不能存在侥幸心理，将同性别的单打和双打，男、女单打和混合双打，男、女双打和混合双打比赛安排在同时进行，或连续进行比赛，如果这样编排，就有连场和重场的可能性。同时，连续比赛的场次越多，连场和重场的概率也就越大。因此，这类编排在乒乓球比赛中应该禁止。如果实在无法避免，也必须尽量减少比赛的场次，并进行必要的补救。

▲例如，2020 年东京奥运会乒乓球比赛混合双打比赛的时间是电视台早已确定的固定时间，而之后又必须进行其他单项比赛，理论上讲，无论进行哪一个单项比赛都有可能出现连场。为了减少发生连场的概率，首先应选择进行单打比赛，而不是双打比赛。其次，由于单打比赛最多只可能有两场比赛连场，因此，共用 8 张球台的本次比赛，可采用这种方法进行编排：13:40 混合双打决赛；14:30 女子单打第 3 轮 1~8 台；15:10 女子单打第 3 轮 1~6 台。

这样，即使有两场单打比赛的运动员也参加混合双打决赛，而出现连场，也可让运动员休息一场，在 15:10 再开始比赛，较好地解决了与混合双打决赛衔接的问题。

此外，由于同样的原因，在安排单项比赛时，需要考虑对于同一性别运动员参加的比赛，应按照竞赛规程的规定安排比赛量，以保证任何运动员被抽入任何位置都不会出现一天的比赛量超过国际比赛的编排惯例，但目前国际竞赛规程中关于一天比赛量已无明确规定。

（4）如果比赛的场地不止一个，应尽量避免一名运动员在较短的时间内在两个赛场比赛。如果两个赛场的距离较远，在一节比赛时间内，不应安排运动员在两个赛场比赛，以免因交通问题而耽误比赛，给比赛组织者带来不必要的麻烦。

（5）团体赛的编排也很重要，由于规则规定团体比赛应在单项比赛之前结束，最好在团体比赛结束和单项比赛开始之间休息 1 天。因此，团体比赛的编排看似非常简单，绝对不会出现重场的现象，但如果编排不当，依然可能出现连场的情况，特别是在仅有一个性别运动员的团体比赛中。如果比赛包括男、女团体比赛，虽然有条件同时进行男、女团体比赛，而且便于观众同时观看男、女团体比赛，比赛分布比较均匀，赛场的气氛比较活跃，但由于各个球台比赛结束时间可能相差较大，两个水平较高且接近的队伍进行比赛可能比水平悬殊的队伍的比赛用时长 1~2 小时，如果这样的情况发生，就会产生不必要的连场，甚至发生重场现象。因此，最好不要这样编排，而应将男、女团体比赛间隔开，先进行男子团体比赛或女子团体比赛，再进行女子团体比赛或男子团体比赛，比赛依次序轮流进行。

▲例如，9:00 女子团体比赛；10:30 男子团体比赛；14:00 女子团体比赛；15:30 男子团体比赛。

此外，一般情况下，这样的安排也可解决男、女团体比赛只有一个教练在场的问题。

（二）努力适应和满足观众的兴趣和要求

目前，观看比赛的观众可分为电视观众和现场观众。作为编排人员，主要应考虑现场观众。

（1）在一节比赛中要防止“清一色”，即只有男运动员或女运动员的比赛。因为每位到场的观众的兴趣不同，观看比赛的目的也不相同。因此，编排时应考虑到大多数观众的利益，尽量多地安排不同运动员、不同项目的比赛，以满足大多数观众的要求。但是，混合双打比赛易发生连场的问题，不宜与单打和双打比赛衔接进行，更不能同时进行，否则将会造成连场或重场，违反编排原则。所以，混合双打比赛应该单独安排在观众比较少的时段进行。

（2）每一节比赛中都应安排比较“精彩”的优秀运动员的比赛，而且应尽可能地将精彩的比赛分散安排在不同的时间和不同的球台上，以照顾全场的观众。尽量避免将“精彩”的比赛都安排在同一段时间内。虽然随着比赛进程的延续，各球台的比赛可能不会同时开始。但如果“精彩”的比赛同时进行，就会造成观众“目不暇接”的情况。相反，如果比赛的球台只有 1 张，在观众较多的时间段应尽量不安排乏味的比赛。否则，一场低水平的比赛会使观众失去兴趣，不仅效果不好，还有可能失去后几天的观众。

（3）应在晚上和节假日多安排一些重要和精彩的比赛，特别是东道主的比赛。但如果比赛时间较长，最好不要将最精彩的比赛安排得太晚。考虑到交通等因素，也许有观众需要提前退场，就可能看不到比赛最精彩的部分，这样的矛盾如果处理不当，就会使观众产生不满情绪，从而降低他们现场观看乒乓球比赛的兴趣。

（4）要防止发生全场“空场”的现象。如果有可能，尽量不要在场地上仅设1张球台，因为如果比赛发生状况，裁判长需要临时暂停比赛，就会出现“空场”的现象。由于观众过分关注比赛，而且许多观众可能并不熟悉规则，就会造成不必要的麻烦。此外，如果只有1张球台，在两场比赛的衔接阶段，也会出现“空场”的现象。而无论出于何种原因，只要出现临时暂停，都会导致该节的比赛时间延迟。比赛结束时间延后，不仅给运动员、教练员带来不必要的麻烦，还会给现场的观众和比赛的组织者带来不必要的麻烦。例如，运动员、教练员候场时间过长，造成过量的体力消耗；比赛时间过长，影响了结束时间；比赛拖到了下节比赛开始的时间，本场比赛的观众还没退席，下一场比赛的观众又都到达场地等。

（5）防止出现“一头沉”的现象，即将精彩的场次和早结束的球台全集中在场地的一侧。通常是在抽签之前进行编排，但即便在抽签后进行，也不可能完全预料到比赛的全部进程，特别是比赛中常有“黑马”出现。一旦出现这种情况，裁判长应有预见性地临时调动比赛球台，以照顾观众的情绪。

（6）目前电视转播费用已成为比赛收入的主要来源，也是赞助商们投资主要考虑的因素之一。特别是在一些国际比赛中，由于国际比赛时需要转播的电视台并非来自同一国家，而各个国家的观众喜好不同，喜爱的球员也不尽相同（一般情况下都是本国的运动员）。

▲例如，2004年在北京海淀体育馆举办的奥运会亚洲区预选赛，日本电视台每天都要求在日本的黄金时段，播放有日本运动员福原爱参加的比赛。

通常临时调整比赛的时间和球台，一般会涉及比赛对手、原比赛时间和原球台的运动员，而事先通知这些运动员也有一定的困难。如果到达比赛现场后再通知运动员的话，运动员有权利不同意调整。如果运动员不同意调整比赛的时间和地点，会给比赛的组织者带来经济损失。因此，随着电视节目成为人们娱乐活动的中心，特别是比赛不在本地举行时，每个裁判长都必须面临这样的问题，并且必须尽量处理好。从目前来看，最好的办法就是在比赛场地设置一两张备用球台，以备不时之需。此外，电视转播者和现场观众最大的区别是，现场观众希望比赛连续不断地进行，而电视转播者则希望比赛之间有一定的时间间隔，以便有充足的时间插播广告。因为没有广告，就不会有收益。因此，目前国际比赛在编排时，一般不要求像国内的比赛那样，宁愿将比赛安排得紧凑一点，使比赛稍微推迟一些，以便下一场的运动员都能到达场地等待比赛，也不愿意将比赛的时间安排得比较松散。因为，如果比赛时间松散，一方面，相对需要更多的时间，从而增加比赛经费；另一方面，若一场比赛已经结束，而下一场的运动员还没有到达比赛现场，或下一场的运动员虽到达比赛场地，但不愿意提前开始比赛，就会出现“空场”的现象。

（三）科学合理地使用比赛场馆

（1）球台的放置应有一定的科学性。一般比赛开始时，一个场地内应尽可能多地放置球台。放置球台时应注意：便于观众观看，便于运动员参加比赛，便于裁判员工作。放置球台时应尽量避免端线对端线的放置方法，因为这样放置会使运动员较容易把球打到相邻的比赛场地内，而根据规则，一旦外界球入场，裁判员应暂时停止比赛，待外界球出场后再恢复比赛，不仅会延误比赛而且容易影响运动员比赛和裁判员的工作。而随着比赛的延续，比赛的运动员逐渐减少，球台也需要不断地减少。但球台的数量不应该经常发生变化，特别是不应该突然地发生变化。即使一定要调整球台的数量，也应事先将球台的变动情况报告场馆工作人员，以便事先准备好比赛场地。这是因为，不但搬运球台、调整球台需要耗费较多的时间，而且在此过程中也有可能造成球台、球网和地板的损坏。因此，应有规律地变动球台数量，一般情况下，只要不影响比赛，不影响观众，不影响电视转播，就可以不改变球台的数量。

（2）两节比赛的间隔时间应比较充分，特别是有观众的比赛，因为观众退场和进场都需要一定的时间。否则，上一场的观众还没有退场，下一场的观众就已在体育馆外等候，这样不仅耽误了观众退场、进场的时间，也容易造成退场和进场秩序混乱和交通拥堵。现在大多数国际比赛都将一天的比赛分为两节，第一节为 10:00—16:00，中间不休息，工作人员轮流休息；第二节为 19:00—23:00。

（3）举行一场比赛时应充分考虑比赛和食宿的便利性。最好将比赛的所有场次安排在同一个场地进行，如果参赛运动员过多或比赛场馆不够大，也应尽量将比赛的大部分场次或主要场次安排在主场馆进行。如果同时进行比赛的场地之间路程（徒步）超过 10 分钟的话，运动员就应该集中食宿。如果是没有中心场地的多场馆比赛，运动员食宿又比较分散，对于比赛组织者将是一种考验，无论如何都应尽量避免其发生。

（4）在编排时，应避免尽可能多地使用球台，而应在必要时交替使用部分球台或留下一两张球台机动，以确保比赛及时结束。比赛编排如表 5-34 所示。

表 5-34 比赛编排

时间	1台	2台	3台	4台	5台	6台	7台	8台
10:00	X01	X02	X03	X04	X05	X06	X07	X08
10:30	X09	X10	X11	X12	X13	X14	X15	X16
11:00	X17	X18	X19	X20	X21	X22	X23	X24
11:30	X25	X26	X27	X28	X29	X30	X31	X32
12:00	X33	X34	X35	X36	X37	X38	X39	X40
12:30	X41	X42	X43	X44	X45	X46	X47	X48
13:00	X49		X50		X51		X52	
13:30		X53		X54		X55		X56
14:00			X57				X58	
14:30	X59				X60			
15:00		X61						
15:30						X62		

（四）注意安排好男、女团体赛和各个单项比赛的决赛

（1）目前在重大比赛前，主办协会都会收到比赛指令。比赛指令中一般会比较详细地规定各个项目决赛的具体时间，还包含每个具体比赛项目的日期和时间，这些日期和时间已包含在与赞助商签订的合同中，因此应严格按照比赛指令的要求去做。

▲例如，在世界锦标赛中，混合双打比赛的决赛一般都安排在比赛结束前的倒数第 3 天晚上进行，男子双打和女子单打比赛的决赛一般安排在倒数第 2 天晚上进行，男子单打和女子双打比赛的决赛一般安排在最后一天的晚上进行。这样既可以防止比赛安排发生“清一色”的现象，又可以避免比赛中出现连场和重场的情况。

（2）对于没有比赛指令的比赛，应根据具体情况进行安排，一般应将团体比赛的决赛和单项比赛的决赛分开进行。决赛应安排在观众最多的时段进行，一般安排在晚上，但有的组织者希望在比赛结束当天的晚上，由承办单位组织招待晚宴，那么决赛也可以安排在节假日的下午进行。例如，

目前世界职业巡回赛各站比赛的决赛都安排在举办赛事当地时间的星期日下午进行。

（3）在单项决赛中，如果有条件，还应将混合双打比赛的决赛提前到前一天晚上进行。因为从理论上讲，参加混合双打比赛决赛的运动员，有可能也是参加其他 4 个单项比赛决赛的运动员，有可能发生连场的现象。一般可以安排为 19:00 女子双打决赛，19:40 男子双打决赛，20:20 女子单打决赛，21:00 男子单打决赛。如果安排了电视转播，上述比赛的时间就太短了，一般应安排 1 小时左右，以免电视观众按电视台预告的时间打开电视机时，看到的比赛是其他项目的决赛。但如果每个单项比赛的决赛都安排为 1 小时，4 个单项比赛的决赛需耗费 4 小时，如果赛后还有颁奖仪式，时间又会过长。况且比赛时间太晚，对观众、组织者和新闻媒体都有一定的影响。如果出现这样的情况，决赛最好设两张球台，在连场时两张球台同时开始比赛，这样可以使比赛更紧凑、更精彩。在无法避免连场发生时，两张球台轮流进行比赛，并不是所有运动员都希望休息的时间越长越好，大多数运动员不希望休息的时间过长以致必须重新进行准备活动。当运动员感觉体力基本恢复，可以开始比赛时，因为有第二张球台，组织者就比较主动，可以立即开始比赛，从而达到压缩总比赛时间的目的。

（4）如果比赛时间的确很紧张，5 个单项比赛的决赛必须在同一个晚上进行，编排就必须做到比赛紧凑，但又不能连场。最好的办法是在秩序册上，仅写出决赛的日期和总的开始时间，不标出具体的时间和台号。这样可以在 5 个单项比赛都打完半决赛获得参加决赛的运动员名单后，再排定具体的时间和台号，在决赛前临时通知各个参赛队和参赛队员。一般来讲，双打决赛不如单打决赛精彩，同一单位（协会）的两名（对）运动员的决赛不如两个不同单位（协会）的两名（对）运动员的决赛精彩，两名（对）外单位（协会）运动员的决赛不如一名（对）本单位（协会）运动员与一名（对）外单位（协会）运动员的决赛精彩，女子项目的决赛不如男子项目的决赛精彩，观众喜爱的运动员的决赛更能调动观众的情绪，也更精彩一些。因此，裁判长可以根据具体的比赛情况，拟定一份决赛节目单，以保证决赛的顺利完成。

（五）要完全符合竞赛规程的规定并尽量节约比赛的经费开支

竞赛规程规定的比赛办法是进行竞赛编排的基本依据，编排方案必须完全符合竞赛规程的各项规定。但在实际报名之后，如确实不能按原竞赛规程的方案进行比赛，必须由原制定竞赛规程的部门做出补充修改，裁判长和编排人员无权自行更改竞赛规程的规定。因为竞赛规程是在实际报名工作开始之前制定的，在制定时必须留有余地，或根据不同的报名人数多给出几套方案，以避免给编排和抽签的人员带来不必要的麻烦。此外，在编排时应采取各种有效的措施努力节约开支。竞赛编排工作的质量直接影响竞赛交通、场地、票务、电视转播等各项工作的质量，因此，必须在编排时考虑到各方面的因素，在保证顺利完成比赛的情况下，减少交通的压力、提高票房的收入、尽量满足各电视台和新闻媒体的具体要求，以提高比赛的收益。

四、编排工作的主要任务

根据编排工作的任务、原则和基本要求组织一次竞赛，编排方案的设计十分重要。一般情况下，在设计编排方案时，应考虑此次比赛的具体特点、竞赛日程、比赛方法、参赛队及运动员的规模、场地和球台的数量、交通和住宿的条件等。

设计编排方案的主要内容包括选择时间、解决可能发生的冲突、分配球台及使用文件。

（一）选择时间

（1）基本的编排是将可用的时间分成若干节比赛。首先考虑的是每节比赛的持续时间，这不仅取决于一场比赛的局数，也取决于比赛的类型和阶段。一般来讲，第一轮的比赛通常比后面的比赛费时少，小组比赛通常比第二阶段的比赛费时少，5 局 3 胜的比赛比 7 局 4 胜的比赛费时少，运动员水平较差的比赛比水平较好的比赛费时少。根据运动员的具体情况，5 局 3 胜的比赛一般持续 20~45 分钟，7 局 4 胜的比赛一般持续 30~60 分钟，裁判长可根据比赛的具体情况进行安排。

（2）在比赛时，由于每张球台进行的比赛并不完全一样，在同一轮次的比赛中，有的球台的比赛可能很快就结束了，有的球台的比赛可能迟迟都不结束。因此，裁判长在安排时一定要在各张球台都安排一定的时间间隔。

（3）运动员刚刚比完一场比赛，不应该立即要求其进行下一场比赛，同样也不应该在相连的比赛之间等待几个小时。比较理想的情况是，在淘汰赛的前几轮，两场比赛的间隔为不少于 1 场、不多于 3 场。但在后面的比赛中，由于比赛变得更激烈，运动员可能希望两场比赛之间的间隔长一些，以便得到更充分的休息。此外，还必须考虑运动员的兼项问题，以免造成不必要的连场和重场发生。

（二）解决冲突

（1）如果每个项目都是单独进行的，编排是很容易的。但通常几个项目必须在相同的时间段进行，以便能更有效地利用可用的球台。很显然，男子项目和女子项目的比赛可以同时进行，男女比赛轮次交替进行是一种提供合适比赛间隔的有效方法，在各项目的较早阶段容易安排。但是当一个轮次中的比赛数量减少到不再能使用所有的球台时，应开始进行另一个项目的比赛。

（2）在比赛开始前预测在已经开始进行的项目中哪些运动员将进入下一轮是非常困难的，如果不仔细编排，有可能在同时开始的项目中出现连场和重场的现象，因此，编排时应努力避免这种冲突的发生。正常情况下，每一项比赛应单独安排在一个时间段，而与其衔接的比赛应是同项目的同一轮次，同项目的不同半区、不同性别的比赛。如果发生连场和重场的情况，应给运动员适当的恢复时间。

（3）在一些基层比赛中，由于场地和时间的限制，要求比赛安排得非常紧凑，而女运动员的比赛又比较少，不足以完成间隔男运动员比赛的任务，必须在比赛的稍后阶段，在秩序册上不安排比赛的具体时间和台号，以便在前面的比赛结束后根据将要比赛运动员的具体情况进行安排，这样的安排需要裁判长非常准确地把握，并在安排后立即通知有关的运动员。虽然这在大型比赛中是不可取的，但在一些基层的比赛中，特别是那些场地设备有限的比赛中，应尽可能多地安排场次，运动员们也应做好准备，在以后的比赛时间内，接受未确定时间和台号的比赛。

（4）混合双打比赛由于同时涉及男运动员和女运动员，最易发生冲突，最好将比赛安排在观众较少的时间段单独进行。如果无法这样安排，裁判长通常将混合双打比赛安排在每节比赛的最前面或最后面。对于这个问题，裁判长之间的看法不同，有些裁判长认为，一天的比赛从混合双打比赛开始是不太明智的，因为双打比赛需要比单打比赛多一倍的运动员同时到达场地，而早起是许多外国运动员，特别是时差较大地区的运动员不愿意的事情。

（5）建议包括团体比赛和单项比赛的竞赛中，首先进行团体比赛，在团体比赛结束休息一天后，再开始单项比赛。这样可以在团体比赛开始、参赛运动员都到达比赛现场后，再进行单项比赛的抽签，从而避免单项抽签时，参赛运动员不确定给组织者带来的麻烦。虽然这样的比赛安排非常理想，但在大多数比赛中很难做到。因此，裁判长应尽量提高组织比赛的工作效率，至少也应在运动员到达比赛现场、团体比赛开始的第 2 天，进行各个单项的抽签。

（三）分配球台

（1）分配比赛球台时应考虑运动员和观众的需求，最好不要安排一名运动员在同一张球台上连续比赛，以避免运动员由于熟悉比赛条件而拥有不公平的优势。那些可能非常精彩或能特别引起当地观众兴趣的比赛，可以安排在方便观看的球台上进行。但必须注意的是，应把观众集中到几张球台边，以免妨碍通行。

（2）秩序册上安排的比赛时间和台号一般不要更改。但裁判长应密切关注场上的比赛进程，当原先安排的比赛可能因为前面的比赛超时而不能进行时，可以将比赛移到不同的球台上进行，尽管这样做可能会耽搁一点儿时间。有些比赛是某个电视台特别关注的，裁判长应尽量将这些比赛安排在特定的时间内，在方便进行电视转播的球台上进行。但无论什么原因，只要时间和球台发生变化，必须事前通知有关参赛队和参赛运动员，并征得他们的同意。

（四）使用文件

编排时必须标明每一场比赛的类型、具体时间和台号。一般来说，编排的文书有两种，一种是比赛秩序册上有关循环赛和淘汰赛的比赛表格（表 5–35），另一种是裁判长使用的节目单（表 5–36）。每种文书各有其优缺点，它们的作用也有所不同：前一种在具体了解比赛时间和地点的前提下，方便记录比赛结果；后一种能更好地了解比赛的大致顺序，以方便裁判长控制比赛。

▲例如，在男子团体比赛秩序表中所标识的一格（表 5–35），其表示 1 对 5 的比赛在 18 日 15：00、2 号球台进行。本场比赛的场次号为 11003，其中第一个 1 表示男子团体赛，第二个 1 表示第一阶段，003 表示男子团体比赛第一阶段的第 3 场球。方格内的时间和台号表示比赛的时间和地点，场次号可方便各类人员在计算机中查询该场比赛。

表 5-35　男子团体比赛秩序表

球队	1	2	3	4	5	积分	计算	名次
1								
2	11009 20日② 10:30							
3	11007 19日① 13:30	11004 18日① 15:00						
4	11005 19日① 9:00	11008 19日② 13:30	11002 18日② 10:30					
5	11003 18日② 15:00	11001 18日① 10:30	11006 19日② 9:00	11010 20日① 10:30				

表 5-36　比赛节目单

“喜迎二十大 建功新时代”2022 年“校长杯”山东省高校教职工乒乓球比赛节目单

日期	时间	1 台	2 台	3 台	4 台
21	9:00	（1-3）F 组 1 阶段 1 轮 烟台工程学院 济南大学二队 30016/ 混合组 （MT）	（4-2）F 组 1 阶段 1 轮 菏泽医学专科学校 山东传媒职院 30017/ 混合组 （MT）	（1-3）G 组 1 阶段 1 轮 山东财经大学 德州职院 30022/ 混合组 （MT）	（4-2）G 组 1 阶段 1 轮 德州学院 山东外国语职业技术大学 30023/ 混合组 （MT）
21	10:00	（1-2）F 组 1 阶段 2 轮 烟台工程职院 山东传媒职院 30018/ 混合组 （MT）	（3-4）F 组 1 阶段 2 段 济南大学二队 菏泽医学专科学校 30019/ 混合组 （MT）	（1-2）G 组 1 阶段 2 轮 山东财经大学 山东外国语职业技术大学 30024/ 混合组 （MT）	（3-4）G 组 1 阶段 2 轮 德州职院 德州学院 30025/ 混合组 （MT）

续表

日期	时间	1 台	2 台	3 台	4 台
21	14:00	（1–2）I 组 1 阶段 2 轮 中国石油大学（华东）青岛大学 30036/ 混合组（MT）	（3–4）I 组 1 阶段 2 轮 鲁东大学 菏泽学院 30027/ 混合组（MT）	（1–2）J 组 1 阶段 2 轮 日照职院 山东交通职院 30042/ 混合组（MT）	（3–4）J 组 1 阶段 2 轮 山东管理学院 青岛农业大学 30043/ 混合组（MT）
21	15:00	（1–2）P 组 1 阶段 2 轮 山东体育学院 曲阜师范大学 30078/ 混合组（MT）	（3–4）P 组 1 阶段 2 轮 山东职院 山东第一医科大学 30079/ 混合组（MT）	（1–2）B 组 1 阶段 2 轮 济南大学一队 枣庄学院 30005/ 混合组（MT）	（1–2）C 组 1 阶段 2 轮 山东工商学院 临沂科技职院 30008/ 混合组（MT）

五、编排的技巧及实例

编排技巧一：循环小组可分为 3 个 4 队（人）小组，用 2 张球台。

第 1 台：A1—A4；A2—A3；C1—C4。

第 2 台：B1—B4；B2—B3；C2—C3。

此外，还可以安排 1 个 3 队（人）小组和 1 个 4 队（人）小组 1 张球台，以解决 4 队（人）小组循环必定发生连场的问题。

编排技巧二：一定要避免女子单打比赛衔接女子双打比赛，男子单打比赛衔接男子双打比赛，混合双打比赛衔接女子单打、女子双打、男子单打、男子双打比赛及同项目同一半区不同轮次比赛相连的现象发生，否则可能发生连场和重场的现象。

▲例如，8:00，1~8 台男子单打 1/8 决赛；9:00，1~8 台男子双打 1/8 决赛。又比如，8:00，1~8 台男子单打 1/8 决赛；9:00，1~4 台男子单打 1/4 决赛。

编排技巧三：尽量减少队员在赛场停留的时间，既可保证运动员得到合理的休息，又便于维护赛场秩序。

▲例如，8:00，男子团体；10:00，女子团体；14:00，男子团体；16:00，女子团体。

编排技巧四：注意比赛指令，确保任何运动员不超过比赛的极限量，一般比赛可参照下列的限制。单项比赛：4 小时一节的比赛中，不超过 5 场 5 局 3 胜的比赛；5 小时一节的比赛中，不超过 3 场 7 局 4 胜的比赛；一天内不超过 7 场以上 7 局 4 胜的比赛。团体比赛：一天内不得超过 3 场比赛。

编排技巧五：注意比赛指令，确保电视转播决赛的时间。因此，在编排时一定要从固定的决赛时间向前编排。

▲例如，在世界锦标赛单项比赛中，比赛最后一天晚上进行男子单打、女子双打比赛的决赛，倒数第 2 天晚上进行女子单打、男子双打比赛决赛，倒数第 3 天晚上进行混合双打比赛的决赛，在此之前必须打完半决赛。

CHAPTER 06
第六章

乒乓球竞赛的组织与管理

谈及体育，必讲竞赛。组织竞赛和临场裁判是乒乓球竞赛工作中裁判员的两项基本活动。竞赛是体育活动的重要特点和基本方式之一，只有弄清竞赛组织管理的基本程序和主要特点，了解竞赛组织工作的全过程，才能有秩序地进行科学管理，以保证竞赛的质量，提高竞赛的效益，达到预期的目的。裁判员不仅要精通规则，承担临场裁判工作，还应当学习和了解竞赛的基本知识和方法。只有这样，才能满足乒乓球竞赛活动的需要。

乒乓球竞赛的组织工作，一般可分为 4 个阶段：一是计划与先期筹备；二是赛前准备；三是组织实施；四是赛后总结。

第一节　乒乓球竞赛组织机构及计划筹备

一、乒乓球竞赛的组织机构及职能

各类体育竞赛，不论规模大小、日期长短，都需要进行一系列的筹备组织工作。为了对比赛实施领导，做好各项筹备工作，应当在赛前建立相应的组织领导机构，这是竞赛工作的关键环节。机构设置合理，职能划分明确，对于圆满完成竞赛任务至关重要。

体育竞赛的组织领导形式一般为委员会制。组织委员会下设办公室和仲裁委员会，负责竞赛的领导工作。

（一）组织委员会

在体育竞赛筹备和实施过程中，组织委员会（以下简称“组委会”）是整个竞赛组织工作的最高领导机构。组委会由主任、副主任和若干委员组成。主任一般由承办单位的主要领导担任，便于协调各方面的工作；副主任一般由承办单位的部门领导和比赛办公室主任担任；委员由大会办公室各组负责人、裁判长、仲裁委员会主任、体育道德风尚奖评选组组长以及各队领队担任。

组委会的职能通常包括：审议通过组委会的参加人员范围和名单；审议确定竞赛各职能部门的设置和负责人名单；审议批准各项工作实施方案；审议批准大会经费的使用原则、范围，以及经费预算、决算方案；裁决竞赛过程中的重大问题；其他需要组委会决定的事宜。

履行上述职责的方法是召开组委会会议，听取工作汇报和研究决定要解决的重大问题。一般在体育比赛的筹备与实施过程中可召开 2~3 次会议。此外，还可定期或临时召开各有关部门的联席会，布置任务，检查监督决策的实施情况，在基层小比赛中，可根据具体情况减少会议。

（二）办公室

组委会下设办公室，是组委会综合职能部门，主要任务是准确有效地执行组委会的决定，保证各项竞赛任务的完成。对于规模较大的比赛，可以设若干处、组；对于规模小的比赛，可以设几个组或由专人负责。办公室下设秘书、竞赛、行政（或后勤）等小组，做到分工明确、职责明确。

秘书组的工作职责包括负责组委会会议和有关联席会议的会务工作；负责起草领导讲话、总结等材料；负责各部门之间的工作协调和情况反馈；负责宣传教育和环境布置工作；负责开闭幕式的方案制订和组织协同；负责组织大型活动和专题活动，如欢迎晚会、文化活动和协调有关迎送活动等；制定大会工作人员和运动队有关规定；负责准备奖品和颁奖仪式；负责编写比赛简报和新闻报道工作；负责制发有关通知。

竞赛组的工作职责分为组织竞赛工作、组织裁判工作和准备场地器材。

1. 组织竞赛工作

制订竞赛计划；制定竞赛规程；负责运动队报名注册和资格审查；组织竞赛抽签和编排竞赛日程；编印秩序册；组织和调整各项竞赛；记录和公布竞赛成绩；监督竞赛规则和规程的执行，处理比赛中发生的重大问题，并及时向组委会汇报。

2. 组织裁判工作

负责确定仲裁和裁判长的人选，配备好裁判队伍；协助裁判长组织裁判队伍的赛前培训和实习；监督裁判员临场执行竞赛规则情况；组织裁判队伍体育道德风尚奖的评选工作。

3. 准备场地器材

确定竞赛场地；按规程要求准备符合比赛标准的器材；赛前检查场地设施。

行政组的工作职责包括负责经费预算和决算，监督各组的经费使用情况；负责生活接待和食宿保障；负责交通车辆的调配、使用和驾驶人员的管理；负责医疗救护和饮食卫生；负责安全保卫工作；负责各代表队返程的安排。

上述各组的职责分工，可根据竞赛组织的实际情况进行调整，有些工作可以合并或省略。

（三）仲裁委员会

仲裁委员会是体育竞赛的仲裁机构，在大会组委会的领导下开展工作。其任务是复审比赛期间执行竞赛规则中发生的纠纷，保证竞赛规则和竞赛规程的正确执行。一般情况下，较大规模的体育竞赛中均设立仲裁委员会。仲裁委员会成员由大会组委会和竞赛部门的代表、裁判长或有关专家等 5 或 7（单数）人组成。其人选由组委会确定并公布。

在比赛过程中，当代表队就执行竞赛规则、竞赛规程方面的问题向仲裁委员会提出申诉时，仲裁委员会应根据书面申诉及当场裁判员、裁判组的报告进行必要的调查研究，以确定是否受理，并召开仲裁委员会会议进行讨论并做出裁决。开会时，可吸收有关人员列席会议。仲裁委员会针对申诉做出的决定为最终裁决，并立即生效，运动队必须坚决服从。仲裁委员会所做决定应上报大会组委会备案。

二、乒乓球竞赛的计划与先期筹备工作

这一阶段的主要任务包括拟定竞赛组织方案和竞赛规程、确定组织机构和裁判队伍的组成、制订各项工作计划等。

（一）制订竞赛计划

这里所说的竞赛计划，属于广义上的先期筹备范围。计划应包括全年组织比赛次数，每次比赛的名称，比赛项目设置，比赛时间、地点，参加的单位和人员，主办方及筹备组织等。可将上述问题按竞赛名称、项目、日期、地点、参加单位、人数、主办单位、承办单位、筹备者等，列成竞赛计划图表，上报单位领导批准。

制订乒乓球竞赛计划时要注意广泛性与群众性，通过组织比赛推动群众性体育活动；掌握节奏性，安排计划时，要将举办的竞赛，根据其特点恰当地安排在相应的季节进行。

（二）确定比赛的种类

乒乓球竞赛的种类有很多，根据竞赛的性质、任务、规模、场地和观众等条件可分为多种形式。

（1）综合性运动会：一般是指包括不同运动项目的综合性竞赛。其特点是项目多、规模大、参赛单位和运动员多，需要的场地、器材、裁判员、工作人员较多，竞赛组织工作较复杂。目的在于总结交流经验，增进友谊和团结，推动群众性体育活动的开展。

（2）联赛：是在集体球类项目同一运动级别代表队之间定期组织的竞赛。

（3）选拔赛：是为了发现和挑选较优秀的运动员或运动队，准备参加上一级竞赛而组织的比赛。

（4）对抗赛：是在同一级别或水平大致相当的运动队之间进行的比赛。

（5）测验赛：是为了解或检查某项体育活动的开展情况和技术水平而组织的比赛。

（6）邀请赛：是由一个单位发起并主办，邀请其他单位参加的比赛，通常在主办单位所在地进行。

（7）友谊赛：是为增进友谊、丰富业余文化生活而组织的非正式比赛，有时以访问比赛的方式进行。

（三）拟定竞赛组织方案

竞赛组织方案是举办一项体育竞赛的有关筹备工作的总计划，又称为竞赛筹备工作方案，通常包括比赛名称（××第×届乒乓球邀请赛，或××市××

年乒乓球比赛等)；比赛的目的与任务；比赛时间、地点；主办和承办单位（说明是由上级主办、本单位承办的，还是由本单位主办、委托下属某单位承办的，或是由本单位主办和承办的)；竞赛项目（如举办综合运动会，应说明共分为几个大项；如举办乒乓球等单项比赛，应说明分为几个小项)；参加单位和总人数（拟由哪些单位参加，每个单位的领队、教练员、运动员各多少人，总计多少人)；奖励办法（团体、单项奖前几名；是否设破纪录奖；是否设体育道德风尚奖等)；裁判工作（裁判队伍如何组成,报到时间等)；开闭幕式（说明是否组织开闭幕式，是否组织入场式，规模如何)；组织领导（组委会人员组成方法及筹备工作人员的初步名单)；竞赛保障工作（经费、食宿、交通、通信联络、医疗卫生、观众组织及安全保卫等问题)；工作实施步骤（可将全部筹备工作划分为若干阶段，并简要说明每个阶段的工作要点)。

竞赛组织方案提出的建议和计划要立足于现实，有充分依据，不能脱离实际，也不能让实际去适应原则。竞赛组织方案拟妥后，经本级或上级领导审批后，成为整个筹备工作的基础。

（四）制定竞赛规程

竞赛规程是乒乓球竞赛的具体法规，是竞赛中各项工作的基本依据和指导性文件。竞赛规程由竞赛的主办单位负责制定。一般由业务部门根据竞赛计划和竞赛组织方案的要求写出初稿，同有关方面共同讨论，报领导审批。

制定竞赛规程是一项非常严肃慎重的工作，是组织竞赛过程中的重要一环。在制定某个项目的竞赛规程前，应当对该项目在本单位的实际开展情况有清楚的了解。对于竞赛要达到的目的、对群众性体育活动起到的导向作用，要有明确的指导思想。在项目设置、竞赛办法、计分办法、奖励办法、参赛资格等方面，应当广泛深入地进行调查研究，结合本单位实际情况做出规定，切忌脱离实际的照抄照搬。

竞赛规程总则的主要内容和格式如下。

（1）前言：主要阐明运动会的指导思想、目的、任务和要求。

（2）竞赛日期和地点：说明比赛何年何月何日至何月何日在何地举行。

（3）竞赛项目：将本次竞赛的各个单项一一列出。

（4）参加单位：列出各参赛单位名称或规定组队单位。

（5）运动员资格：按比赛的宗旨和要求，对参赛运动员资格作明确规定。

（6）参加办法：规定报名的人数（包括领队、教练员、运动员）。因各单项参赛人数不同，总则中可规定按各单项竞赛规程规定执行。规定报名日期和地点。大型比赛一般分两次报名，第一次各单位上报参加的项目和人数，第二次则具体按各单项竞赛规程办理。每次报名日期、地点均应明确规定，并对报名提出具体要求，如逾期不报以不参加论等。

（7）竞赛办法：规定各单项竞赛方法，均按各项竞赛规程规定执行。明确规定竞赛所采用国家体育总局何年审定出版的规则。若现有规则有不适应比赛之处，可根据实际情况做出一些特殊规定。明确决定名次的方法和计分方法，以及破纪录加分方法。

（8）录取名次与奖励：规定分别录取单项和团体的前几名给予奖励，并明确是否设“体育道德风尚奖”。

（9）仲裁委员会：如果大会设仲裁委员会，则按《仲裁委员会条例》组成仲裁委员会，在组委会领导下进行工作。

（10）裁判员：一般由主办单位选派裁判长和主要裁判员，不足部分由承办单位补充或由主办单位安排。主办单位要对参赛裁判员条件做出具体规定和要求。

（11）竞赛的组织领导：规定主办单位和竞赛的领导机构。

（12）其他有关的要求：如是否举行开闭幕式；比赛场地、器材、运动员的服装规定等。

（13）附则：说明本总则修改和解释权归组织委员会所有。未尽事宜，另行通知。

在上述总则的基础上，制定竞赛规程时，其内容在总则中已有规定者，可不再重复。单项比赛的特点及需要说明的事宜，应在单项竞赛规程中明确规定。竞赛规程总则和单项竞赛规程的内容可灵活安排，可写细些，也可合并、省略，应当简洁准确，切合实际，符合规则精神。原则性的规定不能含糊其词，似是而非，模棱两可的规定容易引起误解。一旦规程中出现漏洞，在实际竞赛中很可能因此而造成不必要的矛盾，影响比赛的顺利进行。因此，竞赛规程的初稿拟定后，如有条件，最好广泛地征求参赛单位的意见，力求达到用词确切、内容合理、条理清晰。规程一般应在比赛前1~2个月下发，以便各参赛队做好准备，起到竞赛促训练、促活动的作用。竞赛规程经审定下发后，各参赛单位和竞赛组织者应严格遵照执行。一般情况下，规程不能随意修改，如遇特殊情况必须变动时，须经组委会或筹备领导小组批准，才能以补充通知的形式修改有关规定。

（五）确定组织机构和裁判队伍的组成

乒乓球竞赛的筹备工作比较繁杂，涉及的部门较多。同时，这又是一项临时性的工作，大多数参与组织的工作人员需临时抽调。这就决定了其组织机构和裁判队伍的人员宜尽早确定。组织机构的建立，要根据比赛的具体情况和实际需要确定。人员要精干，人数过多时，工作人员之间的协调工作也必然随之增加，容易造成有些事没人干、有些人没事干的状况。组织机构的人员确定后，在先期筹备过程中，参与的人要少，可采用筹备小组的形式，随着赛期的临近，再根据工作需要逐渐增加人员。

技术官员的组织工作是乒乓球竞赛的关键环节。技术官员包括裁判长、副裁判长、裁判员、辅助裁判，以及比赛监督、仲裁。当比赛项目和参赛队较多时，裁判队伍又可分为若干裁判组。根据比赛规模和规格的不同，裁判队伍的整体配备、级别要求也不相同。举办一次乒乓球比赛所需要的最少裁判员人数可按一天同时比赛的最多场次所需要的临场裁判员数 + 每个赛场辅助裁判员数 + 最少的机动数计算。有些裁判工作可以简化，有的裁判员可以兼几项裁判工作，但必须保证有最低限度的裁判力量来完成比赛任务。

确定裁判队伍的组成时，应注意尽量使用本单位的裁判骨干，同时要考虑利用比赛活动培养新的骨干。本单位的骨干无法完成裁判任务时，可向兄弟单位或主管部门联系借调。裁判队伍人员名单确定并经有关领导批准后，应向裁判员所在单位发出选派裁判员的通知或者函件。通知应注明比赛名称、比赛的时间和地点、担任裁判职务、服装要求等。所选派的裁判员能否参加，主办单位要跟踪落实。

（六）制订各项工作计划

在先期筹备过程中，筹备小组要根据批准的竞赛组织方案和竞赛规程中的有关要求，拟定各项工作计划，如开闭幕式组织方案、竞赛工作方案、裁判员培训方案、经费预算和开支办法、奖励方案等，较大型的比赛还包括后勤保障方案（车辆、通信、医疗）、安全保卫方案、观众组织方案、宣传方案等。在上述方案中，应明确筹备工作任务、工作人员职责、完成任务时限。各项筹备工作可采用统筹法，列成图表，也可用大会工作日程表进行控制，即将各项筹备工作按时间、主要工作内容、负责人、参加者、地点、完成情况等项列表，以便于检查工作进度。

"凡事预则立，不预则废。"在计划与先期筹备阶段，要尽量将举办本次比赛需要做的各项准备工作、需要解决的各类问题考虑周密，并找出解决问题的办法。以防到赛前准备阶段或比赛开始后再"临时抱佛脚"。

（七）召开第一次组委会会议

组委会会议是乒乓球比赛领导机构的最高级会议。第一次组委会会议是区分计划与先期筹备阶段和赛前准备阶段的"关键节点"，通常在筹备机构建立之后、各种方案制订完毕时召开，与本次比赛有关的领导及组委会全体成员参会。若参赛队各领队不便参加，可改称为筹备委员会会议。

第一次组委会会议的基本内容包括确定本次比赛的总方针、总规程和比赛的总体方案；审批比赛经费使用原则和预算；明确各部门任务和职责分工等。第一次组委会会议结束后，竞赛的组织工作即可转入赛前的准备阶段。

第二节 乒乓球竞赛的赛前准备工作

所谓赛前准备阶段，是相对于计划与先期筹备阶段而言的，主要任务是根据各项工作方案落实和检查各项筹备工作。这一阶段是比赛能否顺利举办的关键。主要准备工作有报名注册、编排竞赛秩序、制发补充通知、编印秩序册、组织裁判培训、做好开幕式的准备工作、安排赛前训练等。

一、报名注册

乒乓球竞赛的报名注册工作，必须十分慎重。这是参赛单位取得合法参赛权的标志，应严格按照竞赛规程的有关规定办理。主办或承办乒乓球竞赛的单位，必须按规定的报名时间，做好接收报名的各项准备工作。在收到参赛单位的报名单后，要严格按照有关规定详细审核，符合竞赛规程规定者方能准予报名注册。

在审核报名单时，应注意：领队、教练员、运动员报名人数是否超出限额；每个项目的报名人数和每名运动员所报的项目数量是否符合规定；所报运动员是否符合参赛资格，防止弄虚作假；报名单上的姓名、出生年月、项目和报名成绩是否填写清楚；报名单上有无报重姓名，是否错漏组别、项目等；运动员号码、服装及颜色是否按规定填报。

以上内容经审查合格后，即可接受报名注册。在实际工作中，由于参赛单位不一定都对竞赛规程理解正确，报名单常常会出现一些问题。如发现不符合规程的内容，必须按竞赛规程的规定去处理，及时与有关单位联系解决，防止竞赛时发生矛盾与纠纷。在报名截止期之前，如果某参赛单位报名后因种种原因提出更改，对其书面要求可予以受理，但需注意避免出现差错。报名完毕后，竞赛部门应及时将有关各项内容列表统计，以便展开比赛的各项筹备工作。

二、编排竞赛秩序

所谓编排竞赛秩序，实际上是编排具体的竞赛活动日程，确定队伍的比赛时间、场地、对手等。编排乒乓球竞赛秩序，必须本着科学、合理、公平、紧凑的原则进行。

负责竞赛编排的工作人员，应遵守竞赛规则和规程的规定，严格审查各代表队的名单。编排前，根据本次比赛所采用的赛制，按惯例进行抽签。如果按上届名次或编制序列编排，要在规程上或会议上向参赛单位说明。编排时全面考虑各项目和场次之间的间隔时间、先后顺序和各运动队（员）的竞技水平等因素，力求使参赛者机会均等，并有充分的休息、准备时间，以使其更好地发挥竞技水平且便于观众观摩。各项比赛的时间要紧凑，项目的交叉、衔接要合理。要对各运动队赛前和赛间的训练做出安排。

竞赛秩序的具体编排方法，要注意参照乒乓球竞赛各单项比赛的特殊规定。既要有原则性，又要有一定的灵活性，在不违背竞赛原则的前提下，可根据实际情况灵活变通，只要保证参赛的运动队（员）机会均等即可。竞赛秩序和日程初步排定后，应提交组委会或办公室审定。如有可能，还应征求各代表队及有关方面的意见，最后编入秩序册和训练场地安排等比赛文件中，并在裁判员和代表队报到后及时分发，并于赛前公布。

三、制发补充通知

竞赛规程制定下发后到正式比赛之前，如遇情况变化，需要对竞赛规程中尚未详细确定的问题进行修订、补充，并在赛前以比赛主办单位或承办部门的名义发出通知。

▲例如，参赛队数、人数的调整，比赛报到的日期与地点，报到的有关规定与要求等，要根据实际情况，以竞赛补充通知的形式下发给参赛单位和有关部门。

四、编印秩序册

秩序册是竞赛组织者部署工作和参赛单位做好赛前准备的文字依据。在乒乓球比赛筹备工作中，秩序册由编排组负责编制，报组委会或办公室审定后印发。

秩序册的主要内容与格式包括封面、目录、竞赛规程、补充通知或规定、组委会名单、大会办公室人员名单、裁判员名单、仲裁和体育道德风尚奖评选组人员名单、各代表队人员名单、大会活动日程表、竞赛日程表及乒乓球比赛场地示意图。秩序册封面的内容有乒乓球比赛名称、“秩序册”3 个大字、主办单位和承办单位、日期和举办地点。

在编制秩序册时，既要切实贯彻比赛的指导思想，又要有周密细致的安排。

五、组织裁判培训

组织乒乓球竞赛时，一般应在赛前组织裁判员培训。在赛前集中时间组织裁判员学习，不仅是正确执行竞赛规则、做好竞赛工作、使比赛顺利进行的重要保证，也是加强裁判队伍建设的重要措施。培训要事先制订计划。计划内容包括培训的时间和地点、参加培训的人数及要求、教学人员的选定（通常由裁判长和副裁判长兼任）、理论学习内容及时间、裁判实习时间及场地安排、国家等级裁判员的考核等。

要重点安排好以下 4 个方面的学习内容。

（1）学习竞赛规程及有关补充规定，了解比赛的目的和任务，以及比赛对运动员、裁判员和工作人员的要求。

（2）学习所担任项目的竞赛规则及裁判法，了解最新的规则精神，熟悉自己的职责，统一认识，统一裁判尺度。

（3）组织临场实践，掌握实际裁判工作的全过程，熟悉场地和器材情况。如有条件，可组织裁判员观摩兄弟单位组织的比赛，也可邀请运动队进行教学比赛。根据实践情况，解决与场地、器材有关的问题，并对裁判员进行调整。

（4）加强裁判员的职业道德教育，提高其对裁判工作的认识。

在裁判培训的同时要准备好有关裁判器材和竞赛表格，并统一裁判员服装，最好佩戴裁判员证等标志，以利于参赛人员识别和大会管理。

六、落实场地器材

按照竞赛组织方案和竞赛规程，检查落实竞赛场地，以保证其符合比赛要求。竞赛器材和裁判器材要保证质量和数量。有些不常用的大型器材可以借用，属于消耗性的物品应购置。各类器材应由专人负责保管，以避免丢失和损坏。乒乓球比赛所需的各种表格应在赛前准备齐全。举办较大规模的比赛时，还应制作各种证件，如工作人员证、裁判员证、领队证、教练员证、运动员证等，并对各类证件持有者的活动范围进行统一规定（用颜色和号码区分），以利于赛场的管理。

七、做好开幕式的准备工作

举办较大规模的乒乓球比赛时，为了保证开幕式的场面和气氛庄严、隆重、热烈，可组织入场式和开幕式表演。可以安排水平较高的代表队进行揭幕战。入场式和开幕式表演的准备工作应及早部署。在比赛开幕前，应安排适当的合练或预演，发现问题应及时纠正。有关开幕式的会场布置、广播音响、主席台人员安排、主持词和开幕词、观众安排、执勤保障等，也应按开幕式方案的要求落实。

八、安排赛前训练

由于每次比赛场地有限，参赛队较多，为解决各队使用训练场地的矛盾，竞赛主办部门应统一安排赛前训练。原则上应保证每个参赛队都有机会在将要进行比赛的场地上进行一次以上的适应性训练，以使运动员熟悉场地器材。对于赛前训练的具体安排，应制成训练时间安排表，在各参赛队报到后下发。

九、召开第二次组委会会议和裁判长、领队、教练员联席会

第二次组委会会议是区分赛前准备阶段与组织实施阶段的“关键节点”，通常在比赛开始前的1~2天召开，组委会成员、有关负责同志及各队领队参会。主要任务是对比赛总方案进行最后审议。会议基本内容包括听取办公室主任报告各项筹备情况，介绍比赛的规模和组织机构，以及开幕式的总体部署和比赛的各项安排；组委会领导要对比赛提出指导性意见和要求。如果参赛单位对一些情况很熟悉，相关会议内容可以相应省略。

组委会会议结束后，在正式比赛开始之前，一般应召开裁判长、领队、教练员联席会，并可扩大到全体裁判员和各参赛运动队队长。会议的主要内容是传达

组委会对比赛的有关要求；进一步明确竞赛规程中的有关规定；强调赛风和体育道德风尚；解释编排原则、竞赛日程安排；介绍裁判队伍组成情况；阐明比赛过程中裁判工作的技术问题；说明向仲裁委员会提出申诉的程序和办法以及各项目抽签等。

也可将第二次组委会会议与裁判长、领队、教练员联席会合并召开。第二次组委会会议结束后，竞赛的组织工作就由赛前准备阶段转入到了组织实施阶段。先期计划筹备阶段至比赛前的全部准备过程中，还有一个重要的工作，即针对最初制订的工作计划中的漏洞或临时出现的意外情况，通过一定的会议或其他形式进行综合协调，在筹备阶段尽量将问题都解决。

第三节　乒乓球竞赛的组织实施工作

组织实施阶段是实现比赛计划、完成竞赛任务、达到预期目的实施过程。各种工作方案的实施、开闭幕式活动的组织、比赛的组织管理等都在这一阶段落实。全部筹备工作是否有成效，要在竞赛中得到检验。组织实施阶段的主要工作包括组织开幕式、管理裁判队伍、组织实施比赛、公布比赛成绩、加强比赛中的思想政治工作和安全工作、做好奖励工作、组织闭幕式和颁奖仪式等。

一、组织开幕式

乒乓球比赛开幕式的特点是节奏快、要求高、时间计算精确、环节衔接紧凑。

（一）开幕式的协同与指挥

（1）制作协同计划表格。以单位或人员为横列，时间为纵列，将不同的任务列入表格中，以便有关单位明确各自的任务，明确其集结、就位、入场、表演的地点和时限。列入协同计划表的单位包括先导队、仪仗队、引导员、裁判队、运动队、军乐队（或用录音）、表演队、广播员、主席台人员、观众、保障人员（执勤人员、医生等）。

（2）明确指挥人员分工。开幕式指挥员应位于主席台，兼管引导领导就座。此外，可根据情况增设几名分指挥。例如，场外集结地点设一名，负责集合入场式队伍和表演队伍；入场口设一名，负责控制各入场队伍的间隔距离；转弯处设一名，负责调整各方队绕场一周后进入列队位置的方向与速度；广播宣告处设一名，负责协调各类宣告和播放音乐的时机等。

（3）注意现场协调。由于参加开幕式的人员众多，同一时间内各有关单位都在进行不同的工作，任何一个环节出现差错都会直接影响开幕式的整体效果。为使开幕式圆满成功，工作人员应各负其责并保持密切的联系。指挥员要特别注意现场的协调工作，根据有关预案，果断地处理可能发生的意外情况，及时地弥补漏洞。

（二）开幕式的程序

乒乓球比赛开幕式的程序为宣布 ××× 比赛开始（奏运动员进行曲）；裁判员、运动员入场；升国旗、奏唱国歌；致开幕词（或致辞）；运动员代表讲话或宣誓；裁判员代表讲话或宣誓；裁判员、运动员退场；开幕式表演开始；宣布开幕式结束。

在乒乓球比赛中，为简化程序不组织开幕式表演时，可在裁判员、运动员退场后即宣布开幕式结束、比赛开始。在这种情况下，参加第一场比赛的运动员可以不参加入场式。

（三）开幕词的结构

开幕词是主办乒乓球比赛单位的领导人在比赛开始前进行的重要讲话，应简明扼要地讲清比赛的宗旨、任务、目的、要求等，集中体现大会的指导思想，为竞赛奠定总的基调。

开幕词的结构一般包括开头语、主体文和结束语 3 部分。开头语一是称呼语，二是宣布大会开幕，三是代表上级部门和大会组委会向有关人员致以问候。主体文一般分为简要总结以往比赛成绩；指出本次比赛的目的、意义和指导思想；向参赛的运动员、教练员、裁判员提出任务、要求和希望。结束语要有鼓动性和号召性，要简短有力。最后，预祝大会圆满成功。

开幕词应简洁明快，亲切热情，多用一些鼓舞人心的词语和肯定的句式，朗朗上口，自然流畅，以便于营造开幕式的热烈气氛。

二、管理裁判队伍

裁判员是比赛第一线的具体组织者，是乒乓球比赛规则的执法者，裁判员的思想和业务水平高低，关系到比赛能否顺利进行。有了合格的裁判员，才能保证比赛有良好的秩序，使运动员充分发挥水平，达到竞赛的目的。一般情况下，赛场上发生纠纷、争执时，往往与裁判员技术上的失误或思想上的偏差有直接或间接的关系。由此可见，裁判队伍的管理，是组织竞赛不可缺少的重要组成部分。

裁判队伍的管理，主要由竞赛编排组通过裁判长进行。管理的核心是要把“严肃、认真、公正、准确”的八字方针贯彻组织工作的始终。要抓住比赛各个阶段的主要环节，如赛前管理中的制订计划、组织培训、检查和熟悉场地器材、准备裁判用品和服装；比赛期间的裁判准备会、临场裁判安排、小结和讲评、检查场地器材、报送比赛情况；比赛结束后的器材收缴、体育道德风尚奖评选、裁判工作总结等。为便于管理，可将裁判队伍根据比赛任务划分为若干裁判小组。划分小组时，一个单位的裁判员要尽可能分布在各个组内，并合理搭配，使各组的裁判水平大体相当。对于裁判小组的组长，应由思想作风正派、业务水平较高、能够团结同志、有一定组织能力的裁判员担任。

裁判员临场工作要慎重安排。分配临场裁判员时，应考虑下列因素。

（1）打好开局。比赛开始的前一、二轮，应尽量安排水平较高的裁判员出场，开好头，以提高其他裁判员的自信心。

（2）避开关系。应安排非比赛单位的裁判员担任临场裁判。如有可能，与比赛队名次相关单位的裁判员也应该尽量避开。

（3）相对平衡。对于重要场次和主要场地，应按比赛的实际情况与裁判员的级别、水平进行相应调整，以完成任务为原则。

（4）交错安排。两名裁判员不要连续担任某队的裁判任务，避免造成不必要的误会。

（5）新老搭配。在考虑主、副裁判员或第一、二裁判员等搭配时，应新老结合，以老带新。

（6）重点培养。在比赛中要选好苗子，多让他们挑重担，在实践中培养，使其更快地成长，以适应竞赛工作的需要。

临场裁判员的安排不必向各部门通报，任务下达不宜过早，但应给裁判员留出充分的准备时间。裁判员执行临场任务前，应与有关人员确定协同方法，并认真检查场地器材；在比赛过程中，要掌握判断的准确性与稳定性，裁判尺度要前后一致、双方一致。

三、组织实施比赛

临场组织实施工作是乒乓球比赛的中心环节，筹备工作的千头万绪都要落实在比赛场上。能否有条不紊地组织好临场实施工作，对比赛的成败至关重要。组委会办公室在赛前应对临场实施的有关组织工作明确分工，做到责任清、任务明、指挥灵。整个比赛开始前要对各个环节做最后的检查落实。每场比赛开始前，应督促参赛队和裁判员、工作人员按时前往比赛场地。各个赛场应设场地负责人，并在赛前 1 小时到达赛场，检查赛场布置、裁判准备、器材配备、观众组织、现场执勤等情况，如有当场颁奖的单项比赛，还应检查奖品和领奖台准备情况、颁奖人和礼仪是否落实、必要时，可通过广播宣传赛场注意事项。比赛时，场地负责人应坐在值班裁判、医生、值班司机附近，以便及时联系。对于比赛中发生的问题，要与裁判员协商后及时妥善处理，或在事后提交办公室研究。每场比赛结束，编排组应迅速收集各场、各项比赛记录，及时填写、公布成绩和后继赛次的编排程序。如有条件，还可打印成绩公报或者通过比赛官网、公众号或者赛会微信群，分发给各代表队、裁判组和有关方面。如需当场颁奖，应提前做好颁奖仪式的有关准备工作。

四、公布比赛成绩

迅速、准确地公布比赛成绩，是裁判工作的最后一道程序，各方面都十分关注。及时公布成绩，可使各参赛队和有关部门及时了解比赛结果，并进行分析研究和宣传报道。公布比赛的方式一般有以下两种。

（1）比赛成绩公告专栏。设在赛场附近和运动员驻地，通常在赛前将比赛成绩表准备就绪，张贴在公告栏上，每天每场比赛一张，及时将比赛的结果登记在表格中。

（2）比赛成绩公报。可以通过比赛官网、公众号或者赛会微信群发布，若条件允许，最好制作成绩公报，并及时发给各参赛队、办公室各组、组委会领导及有关部门。这样既能反映比赛结果，又能积累资料。

五、加强比赛中的思想政治工作

在乒乓球比赛的组织工作中，要切实做好教练员、运动员、裁判员、工作人员的思想政治工作，加强赛风教育，坚持正确的竞赛方向，以使激烈对抗条件下的比赛顺利进行。积极开展体育道德风尚奖评选活动，明确竞赛目的，严肃竞赛纪律，反对不正之风。要提倡“尊重裁判、尊重对手、尊重观众”，严格执行裁判守则、教练员守则、运动员守则。

六、妥善处理竞赛中的矛盾

由于乒乓球竞赛具有竞争性强的特点，一般情况下，在比赛过程中会或多或少地产生一些矛盾。一是运动员与裁判员之间的矛盾，既有运动员对规则理解不够的情况，又有裁判员漏判、误判和错判的情况；二是运动员与运动员之间的矛盾，如在赛场上不够尊重对方等；三是运动员与组织者之间的矛盾，如认为编排不够合理、组织不够严密，以及对运动员资格方面的意见等。组织乒乓球比赛的过程中，出现矛盾是正常的。处理比赛中的矛盾，要本着组织比赛的指导思想和竞赛规则，通过正确的途径，妥善、冷静地处理，以保证比赛的顺利进行。

在比赛中要强调运动员绝对服从裁判员，对裁判员也要用纪律来制约，防止偏袒的情况发生。至于因裁判员水平不高、判罚不准而发生的矛盾，则需要通过加强裁判队伍的业务学习，提高裁判员工作责任心来解决。对于比赛中的意外情况和纠纷，临场裁判一定要冷静、果断地处理，并要注意方式，防止事态扩大。规则规定中由裁判长处理的事项，裁判长应及时裁决。比赛组织者和参赛队的领导要在现场协助裁判长和临场裁判员处理好各种情况。应该注意，对所发生的问题不了解时，任何工作人员不要做出不负责任的表态和答复，以免引起新的矛盾。

在比赛中，裁判员所做出的裁决是最后裁决。对裁判员的判决不服的，允许在该场比赛结束后 12 小时内，向仲裁委员会正式提出申诉。经仲裁委员会复审，判定裁判员的判决是正确的，运动队必须坚决服从；判定属于裁判员错误的，仲裁委员会可视情况对裁判员进行教育或处分，但不得改变裁判员在规则职权范围内所做出的决定（竞赛规则有特殊规定的除外）。若运动员、教练员、领队违反竞赛规则、规程，经仲裁委员会复审判定有效后仍无理纠缠的，应加重处理。比赛期间，若发生不属于仲裁委员会职责范围内的重大问题，应召开组委会研究，并同有关方面进行处理。

七、做好奖励工作

乒乓球比赛的奖励方法，主要是按比赛成绩录取团体名次和单项个人名次。

（一）团体比赛的奖励办法

在团体比赛时，可根据参赛队的数量，录取前 3 名或前 6 名或前 8 名，并给予奖励。

（二）单项比赛的奖励办法

在举办单项比赛时，可根据参加队数或人数，在竞赛规程中确定录取名次并给予奖励。一般录取前 6 名，若参赛队较少，也可录取前 3 名，颁发证书、奖牌及一定的物质奖励。

（三）体育道德风尚奖

为了鼓励运动员以良好的精神风貌参加竞赛，鼓励裁判员公正执法，在较大规模的比赛中，均要评选体育道德风尚奖，要在大会组委会的领导下由体育道德风尚奖评选小组具体组织实施。评奖比例大致为个人 15∶1（含裁判员）；8 个队以下参赛时评出 1 个队，9~16 个队参赛时评出 2 个队，16 个队以上参赛时评出 3 个队。一般情况下，体育道德风尚奖运动员由本队提名；获奖裁判员由裁判组及各队提名；获奖运动队由各运动队和裁判组提名。评选小组对推荐名单进行评审，并征求有关方面意见。评审结果报组委会审定通过。

体育道德风尚奖的评选条件，包括下列内容。

（1）严格遵守大会各项规章制度，服从领导、听从指挥。

（2）遵守赛场纪律，端正比赛作风。尊重裁判、尊重对手、尊重观众。

（3）胜不骄、败不馁，勇于拼搏，赛出风格，赛出水平。

（4）裁判员要严肃、认真、公正、准确，杜绝营私舞弊等不正之风。

（5）讲文明、讲礼貌、讲团结、讲卫生。

（6）严格管理，坚持请、销假制度，爱护公物，保证安全。

体育道德风尚奖的评选要讲求实效，防止形式主义。要把赛场作风和日常生活表现结合起来，加强思想教育，及时宣扬好人好事，一旦发现不良苗头，应及时纠正。对于获得“体育道德风尚奖”的运动队，一般为其颁发奖杯或者牌匾；对于获得“体育道德风尚奖”的运动员、裁判员，为其颁发证书。

八、召开第三次组委会会议

第三次组委会会议通常在运动会闭幕前召开，参加人员同第二次组委会会议，主要任务是对运动会各项成绩及评选情况进行审议。会议基本内容包括听取大会裁判长关于比赛成绩的汇报，审批获体育道德风尚奖的单位和个人，宣布闭幕及颁奖仪式的各项安排等。组委会领导或办公室主任应在会上对比赛进行简要小结。

九、组织闭幕式和颁奖仪式

闭幕式的特点与开幕式相似。也可以选择不组织开幕式，只组织闭幕颁奖仪式。

（一）颁奖仪式的组织方法

体育比赛的颁奖仪式，一般分为闭幕式颁奖和当场颁奖两种形式。

对于闭幕式颁奖仪式，要事先确定颁奖方法。当获奖人员较少时，可在宣布成绩后，请获奖人员上台，面向主席台领导领奖，再转身向观众致意；若获奖人员批次较多，各类奖牌或奖旗数量又不相等时，适宜分批次上台，面向观众，每次由一名领导在礼仪的陪同下颁奖。闭幕式前，要确定颁奖嘉宾和礼仪人员，并组织领奖人员在观众席前排依次就座，应有专人负责，明确分工，注意协同，防止出差错。

（二）闭幕式的程序

体育比赛闭幕式的基本程序为宣布 ××× 赛（或单项比赛）闭幕式开始；裁判员、运动员入场（也可选择不入场的形式）；宣读比赛成绩和获奖人员名单；请领导为获奖人员颁奖（应根据情况分为数批）；致闭幕词（或致辞）；裁判员、运动员退场；闭幕式表演开始；宣布闭幕式结束。

闭幕式可以组织体育表演或文艺表演，也可以不组织表演，而在最后一场比赛结束后立即组织颁奖仪式，然后宣布比赛结束。

（三）闭幕词的结构

闭幕词是主办体育竞赛单位的领导人在比赛闭幕时做出的总结性讲话。闭幕词与开幕词的结构、写法比较相近，同样具有篇幅短、内容精、宣告性和号召性等特点；二者的区别在于各自的内容和所起的作用不同，闭幕词具有评价和总结两个突出特点。

闭幕词可分为开头评价语、主体文和结束语 3 个部分。开头评价语在称呼语之后，首先宣告比赛已经完成预定任务，就要闭幕了。然后概括本次比赛的情况，并进行恰如其分的评价。主体文一般分为两个层次，一是总结比赛的基本收获，如通过本次比赛的检阅，对人们的认识提高有何作用，水平有哪些提高，对今后乒乓球体育活动的开展有何影响，是否达到了预期目的等；二是向与会人员提出希望和发出号召。结束语，如“值此乒乓球比赛闭幕之际，再次向全体运动员、教练员、裁判员和大会工作人员，表示衷心的感谢”，还可以表示祝愿。最后，用一句话郑重宣布比赛闭幕，如“现在我宣布，第 ×× 届乒乓球邀请赛胜利闭幕”。

闭幕词应高度概括，不要拖泥带水，行文要充满热情，语调昂扬，使比赛在高潮之中圆满结束。

乒乓球比赛的实施阶段，除了上述主要工作外，还有一些保障工作，如赛场的医疗救护、饮水、执勤人员安排等。对于较大规模的比赛，还有观众的组织、车辆保障、运动员的食宿及返程安排等工作。

第四节　乒乓球竞赛的赛后总结工作

赛后总结阶段是乒乓球竞赛管理过程的终结阶段。随着激烈的竞赛降下帷幕，组织者要用科学的方法，对已经做过的工作进行全面的评估。肯定成绩，总结经验，找出问题，提出改进意见，并做好竞赛资料的整理和有关善后工作，这一阶段的工作成效，既关系到能否善始善终地完成全部任务，又关系到下一次比赛的组织和管理质量。赛后总结阶段主要有以下 4 项工作。

一、印发成绩册

竞赛成绩册是乒乓球比赛结果的汇总，是有实际参考价值的材料和历史记录。如果有条件，赛后应按照竞赛规程规定的名次和计分方法的规定将比赛成绩汇编成册。组织乒乓球比赛时，可将每日的成绩公报汇总，再加上各队最后名次、各项奖励评选结果，即为完整的成绩册。其主要内容包括：各项团体总分、名次及单项名次统计表；荣获体育道德风尚奖单位及个人名单；各项比赛成绩表明细。

二、处理善后事宜

乒乓球比赛的善后事宜大体上有以下 4 项。

（1）清理器材用具。各种竞赛器材和裁判器材，应统一收缴，该归还的归还，该保存的由指定专人保管，以便下次比赛使用。

（2）整理比赛资料。组织竞赛的计划、规程、方案、开闭幕词、成绩公报等各种文件资料，应分门别类地进行整理，归档保存，以备日后参考和查阅。

（3）结算经费账目。各种经费应抓紧进行结算、报销，并注意进行审计，核查开支是否符合预算、是否合理，哪些经费在今后举办比赛时还可以再节省等。

（4）感谢有关单位。大会办公室要以组委会的名义，向裁判员、工作人员所在单位和支持比赛的有关单位致函或致电以表示感谢。

三、进行竞赛总结

竞赛总结一般由 4 部分组成。

（1）基本情况：本届比赛的规模、时间、项目、地点、主办及承办单位、竞赛成绩、主要工作成绩。

（2）主要经验：组织工作中的突出点，所取得的好经验。

（3）存在问题：指出比赛中的不足之处和工作不完善的部分，并找出出现问题的原因。

（4）意见和建议：根据本届比赛的经验和教训，对下次类似的比赛提出建设性的意见。

四、申报裁判员和运动员技术等级

按照相关申报程序，将裁判员、运动员技术等级申请资料、经相应裁判员签字的成绩证明上报办理申请手续。

乒乓球比赛的组织管理工作尽管千头万绪，十分繁杂，但总是有规律可循的。上述工作一环扣一环，最初的工作计划要着眼于指导思想中准备引导的方向；组织实施过程中要紧扣计划的层次和步骤；协调时要注意政策的相对稳定性，以保证目标的实现；总结时要注重成果，为今后的工作打下良好的基础。总的要求是责任清、任务明、运转快、指挥灵，各项工作要做到不推不拖、团结协作、细致耐心、有始有终。

APPENDIX
附 录

乒乓球竞赛英语

第一节　乒乓球临场裁判用语

一、进场前

1. 你是中国队的 101 号运动员吗？ Are you No.101 from China?
2. 你叫什么名字？ What's your name?
3. 请队长来抽签。 Captain, come and toss, please.
4. 你要哪一面，红的还是黑的？ Which side do you prefer, red or black?
5. 你猜中了。 You are right.(You win the toss.)
6. 你要 ABC 还是 XYZ? Which do you want, ABC or XYZ?
7. 请填写排名表。 Fill in the list, please.
8. 请把排名表交给我。 Hand me the list, please.
9. 请看一下对方的排名表。 Have a look at the list of your opponent.
10. 你选什么？ Which is your choice?
   发球还是接发球？ Servicing or receiving?
   这边还是那边？ This end or that end?
11. 你的号码是多少？ What's your number?
   让我看一下你的号码布。Let me have a look your number cloth.
12. 你应穿短衣短裤。 You should wear shirts and shorts.
13. 同队服装应一致。 Players of the same team shall be dressed uniformly.
14. 你们双方服装的颜色应不同。 The color of your clothing should be different.
15. 让我检查一下你的球拍。 Let me check your racket.

16. 请挑两只比赛用球。 Please choose 2 match balls.
17. 这一只，你同意吗？ This one, OK?
18. 请跟我入场，你走在他后面。 Follow me, please. You follow him.
19. 请带好毛巾。 Take the towel, please.

二、比赛开始时

1. 练习两分钟。 Practice for 2 minutes.
2. 停止练习。 Stop practicing.
3. 谁先发球？谁先接发球？ Who will serve first? Who will receive first?
4. 比赛开始，准备发球，0：0。 Begin playing, ready-serve, love all.
5. 现在开始实行轮换发球法。Expedite system begins now.

三、比赛过程中

（一）报出规则规定术语

1. 违例犯规	Fault
2. 重发球	Let
3. 发球擦网	Net / Let
4. 擦侧边	Side
5. 时间到	Time
6. 停	Stop
7. 暂停	Time out

（二）报分

1. ×发球。 X to serve.
2. ×胜这局，21：17。 Game to ×, 21to17.
3. ×以 3：1 获胜。 Match to ×, 3 to 1.
4. 换发球。 Change service.
5. 交换方位。 Change ends.

（三）解释“1 分”

1. 手掌未伸平。The palm was not flat.
2. 未静止。Not stationary.
3. 未近乎垂直。Not near vertical.
4. 低于 16 厘米。Less than 16 centimeters.
5. 端线内发球。 Inside the end line.
6. 超过最远点。 Beyond the farthest back.
7. 擦边球。 Edge ball.
8. 不执拍手低于台面。 The free hand was below the playing surface.
9. 阻挡。 Obstruction.
10. 触网。Touched net.
11. 手扶台面。Hand on table.
12. 台面移动。Moved table.
13. 连击。Double hits.
14. 两跳。Double bounce.
15. 出界。Outside.
16. 发（接）球员错了。Wrong player.
17. 处罚 1 分。Penalty 1 point.

（四）解释“重发球”

1. 发球擦网。 Net serve.
2. 未准备好。 Not ready.
3. 外界球入场。 Intrusion of a ball.
4. 球破裂。 Broken ball.
5. 次序错了。 Wrong order.
6. 方位错了。 Wrong ends.
7. 记分错了。 Wrong score.
8. 纠正错误。 Correct a mistake.
9. 意外事故。 Accident.
10. 轮换发球法。 Expedite system.

11. 警告。 Warning.

（五）警告或劝阻

1. 请勿指导！ Don't advise！
2. 请勿擦汗！ Don't towelling！
3. 不能再休息了。 No long breaks！
4. 继续比赛。 Continue playing！
5. 请不要离开赛区。 Don't leave the playing area！
6. 停止你的冒犯行为！ Stop the offending behavior！
7. 不要拖延比赛！ Don't delay the playing！
8. 请等一下，我去报告裁判长。Just a moment, I will report to the referee.

第二节　乒乓球竞赛术语

一、比赛项目

（一）团体赛 Team events

1. 男子团体赛	Men's Team[MT]
2. 女子团体赛	Women's Team [WT]

（二）单项赛 Individual events

1. 男子单打	Men's Singles[MS]
2. 女子单打	Women's Singles[WS]
3. 男子双打	Men's Doubles [MD]
4. 女子双打	Women's Doubles [WD]
5. 混合双打	Mixed Doubles [XD]

二、比赛方法

淘汰赛	Knock-out competition
循环赛	Group competition

预选赛	Qualifying competition
一场比赛	Match
一局比赛	Game
5 局 3 胜的比赛	The best of 5 games match
7 局 4 胜的比赛	The best of 7 games match
轮换发球法	Expedite system
弃权	Withdrawal

三、比赛工作人员

国际级裁判员	International umpire
国家级裁判员	National umpire
裁判长	Referee
副裁判长	Deputy referee
裁判员	Umpire
副裁判员	Assistant umpire
计数员	Stroke counter

四、记分单

排名表	Order list
记分表	Score list
日期	Date
时间	Time
组别	Group
阶段	Stage
台号	Table No.
场次	Match No.
轮次	Round
胜方	Winner
负方	Loser
比赛结果	Results
签名	Signature

五、运动员

双打配对	Partner
发球员	Server
接球员	Receiver
教练员	Coach
队长	Captain

六、比赛器材、条件

比赛场地	Playing hall
练习场地	Practicing hall
赛区	Playing area
挡板	Surrounds
地板	Floor
计分器	Score indicator
计时表	Timer
挑边器	Disc
红（黄）牌	Red (Yellow) card
裁判椅	Umpire's chair
球拍	Racket
直拍	Pen-hold racket
横拍（两面性能相同的）	Shakehand racket
横拍（两面性能不同的）	Combination racket
胶皮	Rubber
球拍覆盖物	Racket covering
反胶	Pimples-in rubber
海绵胶	Sandwich rubber
正胶	Pimples-out rubber
长胶	Long-pimples rubber
防弧胶	Anti-topspin rubber
颗粒胶	Pimpled rubber

球	Ball
赛会指定球	Specified ball
球台	Table
比赛台面	Playing surface
球网装置	Net assembly
球网	Net
支架	Supporting post

七、服装

比赛服	Playing clothing
短袖衫	Shirts
短裤	Shorts
鞋	Shoes
长运动服	Track suit
运动员号码	Player’s number

第三节　其他相关用语

钟	Clock
麦克风	Microphone
量网尺	Net measure
手册	Handbook
计分牌	Score car
计分员	Score indicator
毛巾	Towel
暗色	Dark-colored
亮色	Light-colored
太亮	Too light
发亮的	Shiny/Glossy
制服	Uniform
反光	Brightly reflecting

表面粗糙、无光泽	Matte
比赛环境	Playing conditions
更衣室	Changing room
里面	Inside
外面	Outside
光滑的	Slippery
不光滑的	Not slippery
座位	Seating
左	Left
右	Right
相邻球台	Neighbouring table
灯光	Lighting
光源	Light source
（光）强度	Intensity
高度	Height
（太）暗	（Too）Dark
背景	Background
日光	Daylight
窗户	Window
反射	Reflection
锦标赛	Championships
世界锦标赛	World championships
洲际	Continental
全国	National
国际	International
公开赛	Open tournament
大奖赛	Prize
杯赛	Cup
项目	Event
少年男子单打	Boys' singles
少年女子单打	Girls' singles

少年男子双打	Boys' doubles
少年女子双打	Girls' doubles
退役人员参加项目	Veterans' event
青年项目	Junior event
老年项目	Senior event
残疾人参加项目	Handicap event
单项比赛	Individual event
团体比赛	Team match
团体赛项目	Team event
竞赛	Competition
轮	Round
预选赛轮次	Preliminary round
预选	Qualifying
组	Group
淘汰	Walk-over
决赛	Final
结果	Result
入口、报名	Entry
表格	Form
（不）合适者	（Not）Eligible
注册	Registration
通知	Notification
安排、调度表	Schedule
抽签	Draw
轮空	Bye
种子	Seeded player
排名表	Ranking list
提名	Nomination
变更	Alternation
上半区	Upper half
上半区	Lower half

1/4（区）	Quarter
1/8（区）	Eighth
1/16（区）	Sixteenth
许可	Authorities
联盟	Federation
协会	Association
规则委员会	Rules committee
管理委员会	Management committee
仲裁委员会	Jury
会议	Meeting
比赛官员	Match officials
裁判长	Referee
裁判员	Umpire
计时员	Timekeeper
计数员	Stroke counter
计分员	Score recorder
其他官员	Other officials
队长	Captain
非比赛人员	Non-playing
副裁判长	Deputy referee
教练	Coach
翻译	Interpreter
组织者	Organiser
代理人	Representative
代表	Delegate
领队	Manager
管辖权限	Jurisdiction
就事实提问	Question of fact
解释规则	Interpretation of rule
（最后）决定	(Final) Decision
申诉	Appeal

抗议	Protest
非预选	Disqualification
指定	Appointment
替换	Replacement
规则	Rule
规程	Regulation
建议	Recommendation
改正	Amendment
适用性	Applicable
合法	Legal
非法	Illegal
受命者	Mandatory
禁止	Forbidden/Prohibited
触犯	Infringement
惩戒的	Disciplinary

References

参考文献

[1] 中国乒乓球协会 . 乒乓球竞赛规则 [M]. 北京：人民体育出版社，2017.

[2] 中国乒乓球协会 . 乒乓球国际竞赛官员手册 [M]. 北京：人民体育出版社，2015.

[3] 刘建和 . 乒乓球教学与训练 [M]. 北京：人民体育出版社，2008.

[4] 国家体育总局青少年体育司，国家体育总局乒乓球羽毛球运动管理中心 . 乒乓球 [M]. 北京：人民体育出版社，2018.

[5] 国际乒乓球联合会 . 国际乒乓球联合会手册 [Z].2022.

[6] 程嘉炎，孙麒麟 . 乒乓球竞赛法 规则法 裁判法高级教程 [M]. 北京：高等教育出版社，2019.

[7] 程嘉炎 . 球类运动竞赛法 [M]. 北京：人民体育出版社，2003.

[8] 张瑛秋，李今亮 . 乒乓球竞赛工作指南 [M]. 北京：北京体育大学出版社，2005.

[9] 张百振 . 体育竞赛裁判学 [M]. 北京：高等教育出版社，2000.

[10] 方达儿，张桦，赖勇辉，等 . 乒乓球竞赛组织工作大全 [M]. 广东：广东经济出版社，2005.

[11] 张桦，赖勇辉 . 乒乓球竞赛的组织与管理 [M]. 北京：军事谊文出版社，2000.

[12] 王蒲 . 运动竞赛方法研究 [M]. 北京：人民体育出版社，2001.

[13] 黄海燕 . 体育赛事管理 [M]. 北京：人民体育出版社，2012.

[14] 樊智军，霍建军，谢鸣 . 体育赛事的组织与管理 [M]. 北京：人民体育出版社，2007.

[15] 孙国友 . 乒乓球裁判员临场裁判艺术的研究 [M]. 四川体育科学，2012，(3)：67–71.

[16] 国家体育总局 . 运动员技术等级标准 [S]，2021.

[17] 杜力平 . 乒乓球裁判工作指南（第二版）[M]. 四川：西南交通大学出版社，2014.

[18] 国家体育总局科教司 . 乒乓球教练员岗位培训教材 [M]. 北京：人民体育出版社，2021.

[19] 张瑛秋，甄志平 . 乒乓球裁判双语教程 [M]. 北京：北京体育大学出版社，2006.